原著第二版

Understanding Children's Development in the Early Years

Questions Practitioners Frequently Ask (Second Edition)

透视学前儿童的发展

解析幼儿教师常问的那些问题

[英] 克里斯蒂娜·麦金泰尔（Christine Macintyre）/ 著

叶平枝　程维祎 等 / 译

中国轻工业出版社

图书在版编目（CIP）数据

透视学前儿童的发展：解析幼儿教师常问的那些问题／（英）克里斯蒂娜·麦金泰尔（Christine Macintyre）著；叶平枝等译. -- 北京：中国轻工业出版社，2024. 10. -- ISBN 978-7-5184-4722-0

Ⅰ. G61

中国国家版本馆CIP数据核字第20241CX567号

版权声明

责任编辑：牟　聪　　　　责任终审：高惠京
文字编辑：李芳芳　　　　责任校对：刘志颖
策划编辑：吴　红　　　　责任监印：吴维斌

出版发行：中国轻工业出版社（北京鲁谷东街5号，邮编：100040）
印　　刷：三河市鑫金马印装有限公司
经　　销：各地新华书店
版　　次：2024年10月第1版第1次印刷
开　　本：710×1000　1/16　印张：12.5
字　　数：160千字
书　　号：ISBN 978-7-5184-4722-0　定价：52.00元
读者热线：010-65181109
发行电话：010-85119832　010-85119912
网　　址：http://www.chlip.com.cn　http://www.wqedu.com
电子信箱：1012305542@qq.com

如发现图书残缺请拨打读者热线联系调换
231870Y1X101ZYW

译　者　序

作为深耕学前教育研究领域多年的研究者，我们深知在这一领域中，获取高质量信息和打破知识障碍的重要性。如同科学的演变一样，早期儿童教育领域也在不断更新其理念和方法。《透视学前儿童的发展——解析幼儿教师常问的那些问题》（*Understanding Children's Development in the Early Years: Questions Practitioners Frequently Ask*）是一本全面探讨学前儿童发展与教育的书，它以其新颖的视角和深入的分析，挑战了教育中根深蒂固的传统观念。

教育不只是知识的传递，更关乎情感和爱的交融。当前的学校教育常常忽视教育中的“情感之水”（情感和爱）。在这种缺失情感和爱的情况下，教育就像一个干涸的池塘，无论形式如何变化，其本质都是空洞无物的。《透视学前儿童的发展——解析幼儿教师常问的那些问题》作为一本在国际儿童发展领域极具影响力的书，提供了深刻的见解，这些见解对我国读者来说尤为宝贵。

本书涵盖了人生早期的多个发展阶段，对儿童关键时期的智力、情感、社会性和运动发展的成果进行了科学的呈现和深入的分析；不仅探讨了儿童的语言、认知和情感发展，还考虑了家庭、文化和社会环境对儿童成长的影响；对特殊需要儿童和不同个性儿童进行了深入的研究，不仅提供了更多的认识，也激发了我们对特殊需要儿童和不同个性儿童的教育热情；通过实例和案例研究，使理论与实际情况紧密结合，为读者提供了全面的视角来理解儿童的行为和心理发展，还回答了幼儿教师遇到的常见问题；不仅提供了切实可行的策略来加强儿童的学习，还提出了关于如何加深对儿童理解的实用建议。

在翻译这本书的过程中，我们也在反思教育实践，反思对儿童发展的理解。本书让我们更加确信，无论文化背景如何，儿童的健康和全面发展都是全人类共同的目标。我们希望本书能够将这些重要的观点和方法带给更广泛的读者群体，帮助读者更好地理解儿童早期发展的复杂性和重要性，增进广大读者对儿童早期发展的全面和深入理解。

在翻译过程中，我们也面临了多项挑战：首先是文化差异问题带来的挑战，原书中的许多观点和案例深受西方文化背景的影响，我们在翻译时特别注意让内容适应我国读者的文化背景和价值观；其次是专业术语转换问题带来的挑战，为了保持原文的准确性和专业性，我们进行了大量研究，确保每个术语都被准确且恰当地翻译。本书的翻译成果是集体工作的结晶，程维祎、蔡诗琪、周丹丹、孟斯宇、李鑫艰辛而认真地完成了翻译工作，叶平枝、程维祎、覃文希进行了一次又一次的统稿、润色和完善。在本书的翻译和统稿过程中，尽管团队已经尽了最大努力完善译稿，但书中仍可能存在疏漏和不足，对此我们诚恳地请求读者理解，并衷心欢迎读者提出宝贵的意见和建议。

总之，本书旨在帮助读者了解幼儿的身心发展特点，解决幼儿教师常见的问题，既适用于经验丰富的早期教育工作者，也适用于刚开始积累实践经验的早期教育专业学生。通过本书，读者可深入了解儿童的心理和行为，理解儿童成长中的关键阶段，以及如何有效地支持他们的健康发展。正如世界学术期刊《早期教育最新消息》（*Early Years Update*）

对本书的评价："这本书提供了一种非常容易理解的方法来帮助我们更好地了解幼儿及其发展特点，对于经验丰富的早期教育实践者和刚刚开始积累实践经验的早期教育专业学生来说，都是一本有趣且有用的读物。"

译者

2024 年 3 月 10 日

致 谢

我衷心感谢所有参与这项富有挑战性研究的幼儿教师、家长及其孩子。正是他们的参与，使本书的出版成为可能。在面对创新性理念时，家长们始终保持耐心和积极的合作态度。他们不仅关注孩子的成长和能力的发展，还致力于理解孩子如何将所学应用于实际，以及如何通过一项技能的提升来促进其他技能的发展。教师们也致力于营造一个观察和评估学习转化情况的教育环境。

此外，这一过程还包括对那些需要额外学习支持或帮助的幼儿所采取的措施进行评估。这些评估揭示了幼儿对相同措施的不同反应，为其他幼儿教师提供了参考，他们能够考虑哪些策略最适合自己的学生。在这样的环境中，幼儿对教师作为学习者的角色表现出浓厚的兴趣，并频繁提出富有创意的想法。

值得一提的是，基于游戏的学习方法确保幼儿在早期教育的各个方面都得到均衡的发展机会，即便是那些有学习障碍的幼儿，也能在轻松愉快的环境中取得进步。这种平等关注每个发展领域的方法保证每名幼儿都能发掘自己的兴趣和优势，这对家长、幼儿以及所有教育工作者来说极为重要，因为正如常言所说——“未来属于年轻一代”。

在此，我特别感谢劳特利奇（Routledge）出版社的娜塔莎·爱丽丝－奈特（Natasha Ellis-Knight），她在整个出版过程中表现出的专业性和耐心给我留下深刻印象。她是我的主要支持者，在我的整个写作过程中与我密切合作。最后，我要向劳特利奇出版社的团队表达衷心的感谢，他们对每一部分内容的处理都极为认真。书中的任何疏漏或错误均为我个人的过失，恳请读者给予理解与原谅。

克里斯蒂娜·麦金泰尔

目　录

第一章

背景介绍

还有比发现儿童如何成长以及如何支持儿童发展多项技能更有趣和重要的事情吗？由于儿童的个性不同，这项任务具有一定的复杂性。有些儿童很活泼，充满热情和希望，学习积极性高，对自己达到活动目标和解决问题感到自信；有些儿童胆怯、忧虑，不愿意参加活动和学习新事物；有些儿童则介于这二者之间。儿童正处在快速学习的阶段，对不同个性的儿童有所了解尤为重要。早在1977年，科尔温·特里瓦森（Colwyn Trevarthen）教授的许多论断就帮助教师证明了其工作的重要性。这很重要，因为总结一项如此复杂的工作有时很困难。他写道：

- 不同文化背景下的儿童的大脑经历着同样的发展阶段；
- 儿童5岁前所学的知识占据其所能掌握的全部知识的二分之一；
- 儿童具有学习的内在动机；
- 好奇心是大脑发育的必要条件；
- 儿童需要在恰当的时间获得适宜的体验。

第一个论断简化了在多元文化环境中对儿童的观察，认为所有儿童都遵循相同的发展模式。然而，教师仍然需要知道每个儿童处于什么阶段以及喜欢如何学习。他们应意识到，尽管儿童所处阶段相同，但并非所有儿童都能达到同样的成就水平，而且他们的发展进度也有所差异。第二个论断虽然听上去有些夸张，但对那些擅长与幼儿互动的人来说不足为奇。他们总是为儿童拓展自己理解的方式而感到高兴，并乐于亲眼见证儿童的成长。缺乏好奇心的儿童很少，但是设计最好的学习体验活动以提高他们的能力和技能可能很富有挑战性。倾听儿童并找到他们喜欢的解决问题的方式或许是有用的策略，即关注他们的兴趣和真正倾听他们的想法。鉴于儿童正处于最佳学习期，成人发现多数儿童不仅会从他们的学习体验中获得多方面的发展，也会自主做出选择并发挥自身的创新性和创造性，这一发现是很有意义的。

有些儿童似乎很有优势，尤其是当他们的身材看起来比同龄人高大时。乍一听，这一论断可能有点奇怪和唐突，然而，比和博伊德（Bee & Boyd，2005）的研究表明，身高对儿童的受欢迎程度和能力有很大的影响。这是因为很多儿童倾向于仰慕“高大”的儿童，并且这一点常常因成人给予“高大”的儿童更多的挑战和更大的责任而得以强化。当被给予更高的期望时，儿童会提高他们的游戏水平。身材矮小的儿童倾向于在成人的庇护下做他们能力范围内的事情！这对于成人来说是一条重要的信息。

如果儿童的家境优越，那么他们可能拥有更多的物质资源（如书本）以及更多的机会来体验与艺术、文学、音乐等有关的活动。然而代价是他们和父母在一起的时间减少了，自由游戏的时间也变少了，因此，家长应当在了解儿童的基础上仔细考虑其不同的发展潜力。遗憾的是，许多贫困家庭的儿童没有同等条件的家庭教育环境。一些家长被“其他问题”分散了对儿童的注意力，这些问题可能是经济问题，也可能是健康问题。在研究养育方式和环境对儿童发展的影响时，我们必须理解这些差异。教师可以通过给予时间和资源来弥补儿童的不足。拥有天赋的儿童一部分来自富裕家庭，一部分来自贫困家庭；后者可能需要克服困难，才能大放异彩，很多人确实如此！

另一个儿童群体却有着特殊需要（最新术语将其称为“学习差异”）。如果记忆、组织、动作、社交或情感困难限制了儿童的能力，那么他们的学习就会受到影响。虽然只有少数儿童是特殊需要儿童（如自闭症儿童），相关疾病阻碍他们参与许多活动，但不幸的是，患者人数在不断增加［自闭症儿童的比例从 1 ∶1000 上升到 1 ∶100（Moore，2012）］。教师需要做大量的准备工作，以使这些儿童能够充分利用他们在校的时间。

来自同一个家庭的三个儿童可能截然不同：一个外向，喜欢运动；一个害羞，喜欢音乐；另一个好斗且情绪化。这些不同表明了先天或遗传的差异，而不是养育方式或环境的差异，因为他们在同样的条件下长大。然而，卡特（Carter，2000）解释说，即使是双胞胎，子宫中的微小区别也会导致差异。不管是什么原因，这种差异都意味着每个儿童需要不同类型和程度的支持。如此一来，家长和教师更想了解：“为什么会这样？”“如何更好地与每个儿童交流？”“我将如何发现每个儿童的需求？”“如何创造最有启发性的学习机会来提升每个儿童的水平？”所有与儿童互动的成人一直努力寻找上述问题的答案，因为他们认识到自己需要在儿童学习速度最快的时期——大脑最易学习的时候——担负起培育儿童的责任。早期儿童的大脑具备“可塑性”，即在吸收和适应不同方面的信息时反应最灵敏。儿童天生充满好奇，他们的大脑可以在神经元（脑细胞）之间建立新的重要联结，从而发展新技能和创造力。家庭、托儿所或儿童和家庭保育中心等希望通过提供基于游戏的课程，挖掘儿童的早期潜力。同时，儿童生理发育的过程确保了儿童基本技能（如行走和说话）的发展，这是个体所固有的。对没有困难的儿童来说，他们不需要被教导。

当儿童第一次来到早期教育机构时，教师应专注于欢迎儿童及其家长，这样社会纽带便开始形成。随着时间的推移，参照儿童不同方面的发展里程碑，教师可以观察并评估每个儿童的发展水平。但是，由于儿童各具个性且年龄较小，理解他们的行为并意识到他们取得的进步是一项艰巨的任务。尤其是，个体的发展并不总是平稳的——它时断时续，但是儿童仍能感到自己在不同的领域均有所发展，甚至他们认为自己在某些领域比其他领域更有能力（有关发展里程碑的更多信息，请参见表 1.1、附录 1 和附录 2）。

表 1.1 三个关键领域的发展进程

游戏	语言	动作
5 岁		
能够发起或参与角色扮演游戏	能够在没有图片的情况下理解故事；能读简单的单词	能够跑跳、骑自行车和拉外套拉链；理解主要游戏的规则
4 岁		
理解假象并对未知产生恐惧。开发富有想象力的游戏，但并不总是能够解释规则	知道颜色和数字；能够对事情、希望和失望做出解释；能够聆听和专注	可以在大型器械上攀爬和摆动；在户外具有安全感；会游泳；享受跳跃和平衡活动
3 岁		
享受集体活动，比如为某人的生日烤蛋糕；理解轮流	使用复杂句式；理解指令性词汇和简单的比较，比如比较大小	可以骑三轮车和爬楼梯；独立进出小汽车和公共汽车；能接住一个大球
2.5 岁		
发展利他主义，尤其是对家庭成员；理解情感词汇，比如快乐、悲伤	使用代词和过去时，知道添加“ed”[①]来表达过去的事情	能够两步一个台阶地爬楼梯；能够走一段距离

① 动词后缀，一般用于过去时，表示过去完成动作或过去状态。——译者注

（续表）

游戏	语言	动作
2 岁		
开始和朋友一起短暂地玩游戏（平行游戏）	知道反抗——说“不”；能够说出包含两个单词的句子，但理解能力远高于语言能力	能够很好地走路，但仍然很难跳起来；能够爬上家具（爬行模式）
18 个月		
能够进行感官运动，探索物体特性（单独游戏）	可以说出 10 个名词；通过指向某个物体来表达需求	可以快速爬行和走路，但跳跃能力没有得到充分的发展；平衡性不佳
1 岁		
步态踉跄，张开双臂和迈开腿，以获得平衡	喜欢做游戏，比如躲猫猫；开始享受书籍和故事；用单音节词胡言乱语	正确使用玩具——玩简单的假装游戏，如喂娃娃
6—8 个月		
可以暂时无支撑地坐着；翻滚；尝试爬行	发出声音并吐泡泡	伸手去拿东西；将物品从一只手换到另一只手上
0—4 个月		
能够支撑头部，即使头部的重量使支撑变得困难；力量按照从头到脚、从中心到外围的顺序发展；能够在俯趴时短暂地抬起头	早期交流：对声音做出回应；清楚地表达需求	将手作为第一个玩具；可以握住放在手上的物体，但不能放开

当然，有可供参考的图表是一回事，能够“看到”正在发生的事情是另一回事。这需要教师具备一定的经验、对所要观察的内容有清晰的认知、对儿童的发展变化进行记录，以及在需要增加儿童的挑战或儿童出现发展障碍时进行干预。

准确地观察和评估儿童非常具有挑战性。对儿童运动发展、社会性发展、情感发展和智力发展这四个方面的发展进行研究，有助于构建相应的结构。教师要始终记住两件事：第一，其他因素，如遗传和成熟（遗传因素）以及文化习俗和资源（环境因素），在儿童的发展过程中起着重要作用；第二，我们是为了分别聚焦这四个方面才将它们分开的，实际上，在发展的进程中这四个方面不断交织在一起，并相互影响。这个过程可以用图的形式表示（见图 1.1）。

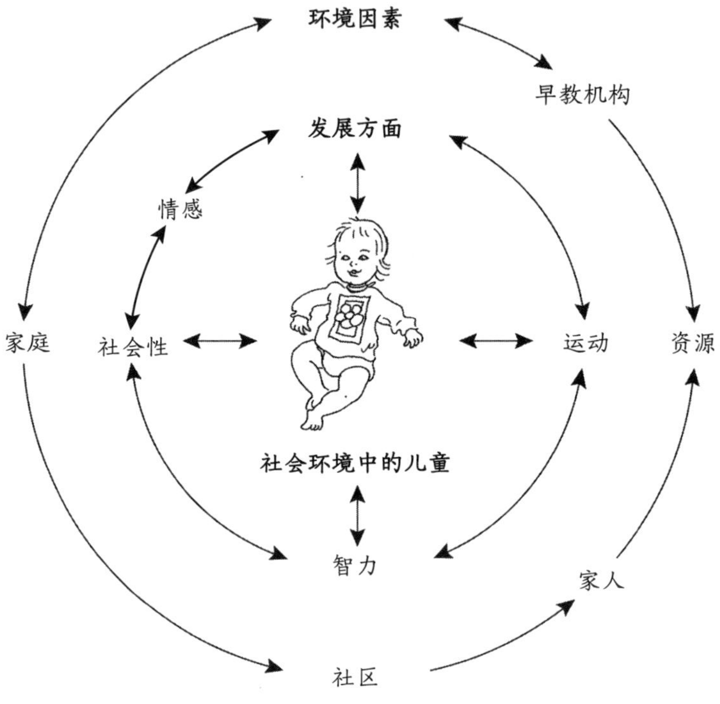

图 1.1 儿童不同方面的发展

儿童的发展主要包括四个方面，即运动发展、社会性发展、情感发展和智力发展，成人可以通过这四个方面所涉及的问题来明确观察的要点。

1. **运动发展**。儿童已经达到运动方面的发展里程碑了吗？他们看起来强壮还是柔弱？他们能否使用对侧上下肢运动模式爬行、走路不会绊倒、安全地操作游戏设备，甚至在短时间内保持安静？他们是否愿意冒险爬上诸如低矮的长凳之类的设施，并能够在那里保持平衡？他们能否证明自己足够强大以使用与年龄相适宜的日常生活技能（比如端着盘子吃零食时没有撒出来，或者不需要别人帮忙就能穿上外套）？他们的走路姿势是否奇怪？（奇怪的步态可能是儿童存在发展困难的早期征兆，教师应密切监控，以确定儿童的发展状况或是否有必要对儿童做进一步的检查。儿童踮起脚尖走路经常引起家长的担心，但通常这种行为即使在没有专家帮助的情况下也会消失。尽管如此，它仍然应被记录和监控。）
2. **社会性发展**。儿童会对其他人（包括成人和同龄人）做出回应吗？他们可以通过眼神、手势或语言发起对话吗？他们能够逐渐和同龄人交朋友并愿意参加游戏吗？他们会在父母不在的情况下不焦虑地待着吗？他们知道父母晚些时候会回来吗？他们会牵着手围成一圈，坐在不同儿童的旁边吗？他们会对他人正在做的事情或说的话感兴趣吗？他们会欣然接受别人的做法，还是会耸耸肩表现出愤恨或干脆忽视正在发生的事情？在3岁时，他们愿意分享资源、轮流等待吗？在4岁时，他们会理解并意识到虽然自己很快乐，但其他儿童可能会感到痛苦或悲伤吗？

【**注意**】在呼唤儿童的名字时，如果他没有回应，那么需要特别注意。当这种情况发生时，尝试以轻松的方式再次呼唤儿童并记录儿童的反应。成人需要调查并记录之前所忽视的内容，同时观察儿童如何玩玩具，以及他们是否会赋予玩具一个角色。

3. **情感发展**。儿童表现出依恋行为或与早期教育机构中的某人建立联结了吗？他们在与成人或其他儿童交谈时越来越有信心吗？他们能在常规活动发生变化后迅速安静下来吗？他们自信并乐意接受新的挑战吗？他们会“试一试”吗？当他们无法应付时，他们很沮丧甚至惊慌失措，还是愿意听取建议并再试一次？他们会关心受到伤害或感到伤心的他人吗？他们能应对常规活动或友情模式的突然变化吗？当他们很伤心时，他们很容易获得安慰，还是会因此生闷气，表现得咄咄逼人？

   他们对他人有攻击性吗？这是一个重要的观察要点，因为幼儿也可能会欺负他人。重要的是，要记住欺凌行为是屡屡发生的、令人厌恶的行为，而不是一次性事件。

4. **智力发展**。儿童能听一个短篇故事或一首诗歌吗？他们记得一日流程中的下一个环节吗？他们能专注于做自己选择做的事情吗？他们对故事感兴趣吗？他们能记住简单的故事情节吗？他们在游戏场景中富有想象力吗？他们喜欢发现或解决问题吗？他们会主动了解新事物吗？他们能在短时间内专注于一项任务吗？他们会在没有做完某件事情的情况下从一个活动转换到另一个活动吗？他们愿意装扮自己并能理解这样做的目的吗？

   【**注意**】一个关键的问题是：儿童能把他们学到的东西应用于另一种情况吗？这是非常重要的，因为这种迁移（通常被称为习惯化），有助于儿童在新环境中学习。既然迁移能力是智力发展的基础，那么儿童潜在的迁移想法是否应该成为教师观察和记录的一部分呢？

理解习惯化和学习迁移：拓展运动观察技能

想想儿童从楼梯上下来的场景。儿童可能先尝试趴着下楼梯，然后试着站起来，两步一个台阶地下楼梯，一旦获得平衡和自信心，他们就逐渐不需要抓扶物体，一步一个台阶地下楼梯。大多数儿童能够掌握这种技能，当他们遇到不同的楼梯和台阶时，他们有能力（几乎本能地）应对变化，这就是习惯化。没有形成习惯化的儿童——患有运动障碍的儿童，必须在第一次尝试时学习每个步骤。他们应对不同的环境时需要付出时间和精力。对这类儿童而言，这种技能似乎不能发挥作用。因此，观察儿童的教师不仅应当记录单个技能，在儿童练习之后，教师还应当考察儿童是否在另一种情况下“有效运用”或启用了这一技能，即是否发生了学习迁移。

这对学习的各个方面都很重要。在智力学习过程中，了解一个故事情节发生的顺序能够使儿童预测另一个故事中事件的发展吗？他们能回应“你认为现在可能会发生什么”吗？他们会意识到点心桌上的数字“2”有助于他们将两个苹果装进篮子里，或者它是韵律中的标识吗？理解这些内容将有助于儿童理解抽象符号的含义。再比如，他们能意识到红色代表“停止”吗？

花更多的时间在此类问题上做出解释或许有助于儿童实现学习的迁移。

在社会性发展过程中，“认识到如何在室内交朋友”有助于儿童在室外更大的游乐区与同伴进行交流吗？在“医院”照顾娃娃会使儿童在朋友受到伤害时产生同理心吗？关于分享的故事会使他们愿意在游戏中分享吗？在早期教育机构中谈论健康饮食会使他们在点心时间或在家里更喜欢健康食品吗？

在情感发展过程中，儿童会认识到他们可以传递自己得到的安慰或支持，以理解另一个儿童的困难吗？他们喜欢被表扬吗？表扬有助于他们更有信心地面对新事物吗？如果他们确信自己的妈妈很快就会回来，他们会平静下来还是仍然感到焦虑？

教师很难对儿童的学习迁移情况进行观察和记录，但这对界定儿童的智力活动具有重要意义。我喜欢将智力活动界定为“能够在不同的情况下采取合适的行动”，即智力离不开迁移。

当迁移未发生时

一位教师曾教一名患有运动障碍的儿童游泳，他惊讶于该儿童问道：“你现在能和我一起回家，教我在家里的游泳池游泳吗？”这名儿童不知道自己已经掌握了一项可迁移的技能。因此，在表扬儿童取得成绩的同时，成人可能还需要做出解释，比如：“我们也可以在这里做这件事，看，这几乎是一样的。”运动障碍患者很难理解迁移，但他们具备理解的能力并逐渐能够实现迁移。例如：“当我们用彩带玩游戏时，红色意味着什么？是的，停止！现在看看外面马路上的红绿灯。当红灯亮起时，汽车会怎么样？”接着用其他例子来阐释红色表示危险。不幸的是，患有严重自闭症的儿童，就像永远生活在此时此地一样，迁移对他们来说是不可能的。他们无法想象未来的事件，可能无法等待或留意成人的解释。但是，对于大多数儿童来说，成人指明迁移情况的发生可能是一种帮助他们识别学习迁移的非常有用和有趣的方式。

当记录儿童的发展时，教师会被儿童发展的不同方面相互作用的方式吸引。例如，当儿童学会了爬上架子、掌握了烘焙点心的技能或记住了前一天学过的颜色时，他们的自信心和自尊会提升。这会鼓励他们解决一些新问题，并且尝试有一定难度的新活动。然而，有些儿童可能会对公开的表扬不知所措，更喜欢一个微笑或他人对自己竖起大拇指。这也是教师必须十分了解儿童的另一个原因。

随着儿童的发展，以及与他们的家长频繁地交流，教师能够为儿童提供学习的机会，以培养他们的个人能力和技能。通过这种方式，拥有天赋或存在发展障碍的儿童会被发现，这为教师提供干预措施（拓展材料或提供额外支持等）提供了依据。如果儿童突出的能力显而易见或者障碍持续存在，那么教师就可以请外部专家进行具体的诊断并提供支持方案。这样可以让家长放心，教师正在尽一切努力促进每个儿童进步。

有趣的是，“3R”仍然主导着教学计划。很久以前，“3R”指的是“修辞（Rhetoric）、阅读（Reading）和宗教信仰（Religion）”。在规划课程时，教师必须认真对待它们，否则就无法产生效果。教师没有对儿童偏离正轨的行为的欣赏，儿童也没有创造的机会。此后，在日常使用中，“3R”指的是“阅读（Reading）、写作（Writing）和算术（Arithmetic）”，但该符号仍然有其局限性。这三个科目备受瞩目，意味着一个贬低艺术和科学的等级制度——而且拼写是可疑的[①]，不是吗？如今，“3R”代表着“尊重（Respect）、关系（Relationships）和回应式照护（Responsive care）”。理论方面的巨大变化意味着早期环境应让每个儿童感到受重视和安全，通过基于游戏的课程提供全面的学习经验，促进儿童的社会性和情感能力、创造力、运动能力以及智力的发展。这使儿童在日常的所有活动中都能得以发展，成为有爱心、有同情心和有能力的儿童。在被视为“天才”的儿童群体中，领导力或创造性回应能力等更微妙、更难评估的能力正得到重视。在人生最初的几年里，儿童用来获取成人关注的策略可能会揭示有用的观察结果，这是否意味着“感受力”可能会发展成某种特别的能力？这可能会让被高需求孩子占据生活的家长感到欣慰。

① 阅读、写作和算术的英文拼写中只有“阅读”以“R”作为首字母。——译者注

第二章

学习开端

不同的早期教育机构现在都设有婴儿室和游戏室，供教师照护婴幼儿，这就要求教师必须掌握照护婴幼儿的专业知识。对于教师和所有早期教育专家而言，了解儿童的发展必须从了解受孕的过程开始，因为这是儿童的开端，这对他们日后的发展也会产生影响。这个时候个体自然发展的部分被设定，就第一个环境——子宫和之后的其他环境（身体、社会性、智力和情感）的质量而言，养育也至关重要。从一开始，先天因素和后天因素就共同塑造着儿童，而二者所占比例是许多人研究的主题。对于教师来说，认识到他们对婴儿、学步儿和幼儿的支持有助于儿童提高自身能力，鼓励“普通”儿童，并帮助弱势儿童减少不良开端的影响，是非常有意义的行为。然而，这也是一项巨大的责任。那么教师如何培养来自不同背景，具有不同喜好、性格和能力的儿童呢？也许这个问题可以通过寻找下述问题的答案来解答，比如：“为什么儿童会如此不同？”“他们什么时候开始学习和掌握日常生活中的所有技能？”“随着时间的推移，他们是如何变化的？”对于证明早期教育的重要性来说，“儿童早期的经历和机会真的是其以后学习的基石吗”？让我们从一开始就了解这个神奇的发展是如何发生的。

受 孕

在女性受孕时，男性百万精子大军中的一员通过阴道、子宫颈、子宫和输卵管穿入卵子壁（即女性卵子）。自此，一个胎儿得以孕育。父亲的精子和母亲的卵子（配子）都含有基因，双方的基因结合在一起创造了孩子的个体特征。这就是所谓的基因型。第二个或随后出生的孩子将继承不同的基因，因为结合在一起的精子和卵子不同。这些基因承载着诸如发色、身高、体型、气质和智力方面的特征，以及决定身体和智力发展的模式。

身体的每个细胞的细胞核中有 46 条染色体，其中，精子和卵子（配子）各有 23 条染色体，当它们结合在一起时，共有 46 条染色体。因为儿童所继承的每对染色体由父母各提供一条，所以遗传指令可能相同（纯合子），也可能不同（杂合子）。有时，两条携带不同遗传基因的染色体会融合在一起。父母一高一低的儿童的最终身高通常介于父母的身高之间，父母血型分别是 A 型和 B 型的儿童的血型可能是 AB 型。通常来自父母的基因一个是显性的，另一个是隐性的。隐性基因在儿童身上保持休眠状态，但是会遗传给下一代（这就是为什么家庭成员惊讶于在孙辈身上看到“奶奶的习惯性动作和偏好”），只有主导基因决定儿童的特征。

许多遗传性疾病，如囊性纤维化以及包括自闭症和多动症（注意缺陷多动障碍）在内的发展障碍，都可能“意外”出现，因为父母双方可能都带有这种疾病的隐性基因。携带者是指遗传父母一方疾病基因的人。虽然携带者没有这种疾病，但如果他们的伴侣有隐性基因，那么他们也会将这种疾病遗传给孩子。

大多数人的特征都受多种基因的影响。一个儿童的生长模式、智力、眼睛颜色和气质，与数个基因的相互作用有关。海伦·比（Helen Bee，2010）将其称为“基因蓝图”，在某种程度上，这会影响儿童能够做什么。

然而，没有遗传学家会断言遗传基因完全能够决定儿童的未来。虽然基因型是包含在个体基因中的一组“指令”，但表现型是可观察到的特征的名称，它是三个组成部分——基因型、受孕环境，以及基因型与环境的相互作用——的产物。因此，一个潜在的高智商胎儿可能会因为准妈妈饮酒过量或服用药物而受到伤害，其神经系统也会受到损害。如果准妈妈在怀孕的前三个月感染风疹，那么儿童的视力和听力可能会受到影响。胎儿大多数的器官系统在最初的 12 周内迅速发育，这是它们容易受到致畸剂或有害物质影响的时候。每个儿童都会受到其第一环境的质量（即子宫所提供营养的质量）的影响。

戈达德（Goddard，2006）、比和博伊德（Bee & Boyd，2005）发现，通过脐带传递给胎儿的有害物质比之前人们认为的要多得多，它们会损害胎儿发育中的大脑并导致其患有一些疾病（如胎儿乙醇综合征或新生儿药物戒断综合征）。当然，即使子宫处于最佳状态，也会出现其他问题。一些造成学习困难的疾病，如唐氏综合征和自闭症谱系障碍，在儿童出生前就已经存在。自闭症谱系障碍比较隐蔽，直到儿童 2.5 岁左右，其语言和沟通技能没有以通常的方式发展以及父母的期望给儿童带来压力时才显现。唐氏综合征可能在儿童出生前出现或由出生时的严重问题引起。对这些内容加强理解，家长可以在情感和实践方面做好准备，教师可以抽出时间以确保他们在家长和儿童来到早期教育机构之前，在特定资源方面提供必要的支持或对儿童的状况有更详细的了解。这种准备也有助于教师认识到残疾儿童家里的困难，有更多的时间倾听家长的心声，与他们产生共鸣，表达对家长努力的赞扬，尽可能地帮助他们，并分享促进儿童进步的计划。

研究人员试图通过研究早期分离的同卵双胞胎，以衡量遗传因素是否比环境因素影响更大。研究结果表明，双胞胎的智商和他们的生活方式通常保持着明显的相似性，即使他们在不同的国家长大，从未见过面。那么，“儿童所继承的”真的可以决定他们的成就吗？该项研究结果表明是这样的。然而，现实中仍有一些来自贫困家庭、父母成就低下或有严重残疾的儿童克服了看似无法逾越的障碍，表现出色；而有些看似处境更为有利的同龄人却发展缓慢，成绩不佳。因此，积极进取、渴望学习的儿童能够克服不利环境。适当地及时干预和支持确实会对儿童发展的结果产生巨大影响。教师相信这是事实，因而他们着手最大限度地增加所有儿童的受教育机会并为其学习做规划。

家长和教师也可以补偿儿童早期的不足。一个有潜在攻击性的儿童可能会因为与敏感和有耐心的成人相处而变得成熟。他们会花时间展示和解释其他可取的行为方式，而一个“参与群体活动慢热型”的儿童可能会因为成人持续的赞扬和鼓励而克服对融入群体的担忧。此外，教师可以有效地向儿童示范他们期待的行为方式。然而，处在忙碌工作带来的压力下，面对相互冲突的需求，教师可能很难办，但是他们必须优先考虑儿童的需求。他们当然会记得，自闭症儿童无法模仿他们的行为。这些儿童不向他人学习，因为他们缺乏心智理论，即理解他人想法、情感和感受的能力。教师需要确保在制订和解释学习计划时，所有儿童都受到尊重和同等的关注。分享这一理想目标可以激励家长与教师积极交流他们在家里对孩子的观察结果，有效地促进家园合作，这对教师基于儿童的兴趣规划学习活动非常有帮助。

新　生　儿

在新生儿出生时以及出生5分钟后，要使用阿普加评分[①]（见表2.1）对其进行评估。基于五项体征对新生儿打分，每项得分为0、1或2。新生儿刚出生时得分为10分的情况非常少见，但5分钟后，85%~90%的新生儿可以达到这一分数。7分以上表示新生儿没有问题，4分、5分或6分意味着其需要呼吸支持，3分及以下表明其处于危急状态，但他们中依然有许多人顽强地生存下来，赶上了同龄人并表现不错。

表2.1　阿普加评分

观察到的新生儿体征	0分	1分	2分
心率	无	<100次/分	>100次/分
呼吸频率	无	哭声微弱，呼吸缓慢	哭声响亮，呼吸均匀
肌张力	四肢松弛	四肢略屈曲	四肢动作活跃
对刺激的反应	无反应	有轻微反应	啼哭
肤色	青紫或苍白	躯干红润，四肢青紫	全身红润

资料来源：Francis et al.（1987）。

对儿童最早的评估

对儿童的第一次评估是通过观察他们的运动技能来进行的，例如，他们是否以及什么时候能够支撑自己的头部、坐着、伸手抓握、爬行、站立和行走。

这些运动技能是儿童日后学习的基础。戈达德（Goddard，1996）对儿童运动的重要性及潜在的反射进行了广泛的研究，她提出：

① 判断有无新生儿窒息及窒息严重程度，以新生儿出生后五项体征为依据，每项为0~2分，满分为10分。——译者注

所有后来的学习都基于我们在出生第一年发展的运动技能。反射形成一个制衡系统。如果它们在恰当的时间出现并处于活跃状态，则“账户”仍然有结余。如果它们未发育或停滞的时间过长，那就会变成“借方”，并且在以后从更高水平的大脑功能中索要代偿。

那么这些反射是什么呢？

新生儿的反射

反射是无意识的活动，即不是由有意识的控制引发的。反射分为不同的类型，第一种是帮助婴儿生存的适应性反射，如吸吮和吞咽反射，以及确保婴儿在被触碰脸颊后转向乳头方向进食的觅食反射。抓握反射（类人猿在丛林中摇摆时需要的一种进化反射，使它们能够紧紧抓住母亲）或许没那么有用，但婴儿的这种强劲动作可以取悦父母和祖父母，因为他们喜欢让婴儿握住一根手指。他们认为这是力量和发展的标志，甚至是沟通的标志。如果有助于关系的联结，那么它还是有用的。

第二种是原始反射，之所以这样称呼，是因为它们由髓质和中脑控制，这些区域在婴儿出生时接近完全发育。大约 6 个月后，当婴儿大脑的感知、运动控制和思维能力得到更充分的发展时，这些原始反射让位于姿势反射。如果这些原始反射持续下去，它们将会阻碍更复杂的动作出现。因此，评估儿童现有的反射状态可以表明其神经系统发育健康或延迟。这里只解释三个与早期环境尤其相关的内容［如需深入研究，请阅读戈达德的著作（Goddard，1996）］。

莫罗反射

早期教育机构中的教师特别感兴趣的一种反射是莫罗反射（the

MORO reflex），因为它可以解释为什么有些儿童会有压力，对声音、气味、灯光很敏感，并且经常做出不适当的反应。

> 幼儿教师理解这种反射很重要，因为正如戈达德（Goddard，1996）所说，“虽然其他残余反射往往会对儿童的特定技能产生影响，但莫罗反射对儿童的情绪状况有整体影响”。

婴儿出生后，这种反射就像警报一样。如果出现巨大的噪声或突然的变化，例如，将婴儿的头部降低到脊椎以下，使其感到痛苦，这种反射就会起作用。婴儿会弓起背，张开双臂，突然喘一口气，在双臂向后交叉和脊椎放松之前“冻结”片刻。这是对威胁的非自愿反应。莫罗反射也在儿童发展呼吸机制和帮助“唤醒”（例如，毯子落在婴儿的脸上）方面发挥着作用。这种反射可能会在婴儿出生 3 个月时受到抑制，并由成人惊吓反射取代。如果没有，儿童可能会在某些感官知觉领域非常敏感。他们的听力可能因对特定声音的过度敏感而混淆。他们会因明亮的灯光、强烈的气味（如水槽中的肥皂气味），甚至烹饪或香水气味而感到苦恼，并可能在不安中逃避。干手器和冲水马桶也可能是他们无法忍受的。这种紧张激发了高水平的肾上腺素和皮质醇，即压力激素，因此，儿童容易情绪反应过度，甚至被迫逃避。他们需要减少这种紧张感，以便专注于学习。

萨瑟兰（Sutherland，2008）解释说，皮质醇正常对于儿童的学习和帮助身体应对压力是必要的，但是“当皮质醇升高时，大脑额叶就会充满应激性化学物质，思维就会受到威胁”。因此，如果母亲回来得太晚，如果日常生活的改变变得难以控制，或者如果儿童认为他们无法应对某一事件，即如果皮质醇水平没有恢复到正常水平，那么苦恼的儿童就无法进行逻辑思考或理性应对。他们无法让自己平静下来。

那么该怎么办呢？萨瑟兰在她关于“儿童的关键关系需求”方面的研究中提供了一些方法。

- 成人应理解儿童的情绪并以此与儿童建立联系。
- 确认儿童经历的事件。这需要成人确定和理解儿童的苦恼，并使用正确的语调和肢体动作来表达同理心。
- 控制情绪。这包括成人理解儿童的强烈感受，但保持冷静，不要生气。不过，萨瑟兰建议，应该制定“家庭规则”，以防止儿童成为所谓的“限制剥夺者”。
- 安抚儿童（张力调节）。这意味着成人通过保持冷静和同情儿童来安抚他们。随着时间的推移，这种成人的示范将有助于儿童调节自身的行为。

在儿童感到有压力和紧张时，这些建议对于与儿童互动的成人非常有用。此外，可以设置一个安静的角落，儿童在这里可以向外看，甚至可以站着凝视一段时间，这样能够防止他们出现“战斗或逃跑反射”，这类反射控制并迫使儿童表现出攻击性或退缩性行为。

抓握反射

这是刺激抓握的反射。如果我们触摸婴儿的手掌，那么他们的手指会合拢，有时会紧紧地合拢！这种反射在新生儿出生后的 3 个月内是活跃的。6 个月后，抓握反射被钳形抓握取代（见图 2.1）。这指向动作的发展——自闭症儿童不太可能会指向某物，因为他们意识不到别人并不知道他们在想什么——那么为什么需要向他们演示动作呢？

图 2.1　莉莉对“绕着花园转圈”①（Round and round the garden）很感兴趣，并想和爸爸分享这一游戏。指向游戏有助于她发展钳形抓握能力

通常，早期教育机构中的儿童仍然会使用整个手或手掌来握住铅笔或画笔，他们的行动范围以及着色或绘画的准确性受到限制。这表明其抓握反射仍然是活跃的，但灵活性受到约束。在最初的几个月里，抓握反射与喂养之间存在着联系，这一点可以从婴儿吸吮时张开和闭合手指的动作中看到，一些保留这种反射的年龄较大的儿童会“用舌头写字”，或当他们抄写时嘴巴也跟着动。如果不抑制这种反射，儿童获得钳形抓握能力将非常困难——拇指未被充分利用，动作协调甚至语言能力都可能会受到负面影响。

有些歌曲，如《彼得手指歌》（*Peter Pointer*），要求儿童将注意力集中在食指上，而诸如在沙子上画图案之类的活动可以实现这一点。所有

① 根据同名儿歌开展的一种手指游戏，通常的玩法是一只手掌心向上，另一只手的食指在掌心上画圈。——译者注

手部强化活动，如捏黏土、用手混合颜料或面粉，都是有用的。所有提供一定阻力的活动，甚至在水中转动手指，也会有所帮助。当然“绕着花园转圈”也很有用，因为它可以让儿童将注意力集中在手上，从而有助于其自我意识的发展。

教师认识到儿童保留抓握反射所带来的问题，也就会明白为什么对许多儿童甚至大多数儿童来说，在早期教育阶段是不适合写字的。教师和家长必须等到儿童发育成熟，并通过练习增强手指力量后，再允许他们开展复杂的书写活动。

非对称性紧张性颈反射

另一个对学习会产生重大影响的反射是非对称性紧张性颈反射（asymmetric tonic neck reflex，ATNR）。在子宫里，胎儿的头部向一侧移动会引起手臂向该侧伸展，另一侧手臂弯曲。这个动作能够刺激胎儿的踢腿动作，从而增强肌肉力量，促进前庭觉的发展，帮助其保持平衡。它实际上可以帮助胎儿在母亲分娩过程中顺利出生。然而，在婴儿大约 6 个月时，发育中的大脑可能会受到不同模式的刺激，从而抑制这种反射。如果这一反射没被抑制，它将阻碍儿童技能的发展，特别是那些与越过身体中线有关的技能。

使用对侧上下肢运动模式爬行，即靠一侧的手和另一侧的膝盖向前移动，是婴儿的一项关键的发展技能。保留有非对称性紧张性颈反射的儿童会发现这是不可能的，因此成人仔细观察儿童的爬行至关重要。同侧性肢体运动模式（靠同一侧的手和膝盖向前移动）是无用的。爬行对于儿童的手眼协调、平衡以及所有需要越过身体中线的技能（包括系纽扣、翻页、书写、阅读、使用刀叉、投掷和踢球）的发展都很重要，实际上很多技能都与日常生活中的活动有关。爬行甚至会对儿童的阅读产生影响，因为在对侧上下肢运动模式中，儿童的眼睛会追随他们的手，从而学会调整自己的视觉距离。

当儿童难以做出其他人能够轻松完成的动作时，可能是他们抑制反射的发展序列出错了。因此，儿童必须回归原来的状态，每天花一点时间练习这些动作。这为他们的大脑提供了第二次机会。多练习他们不能做的事情并不能帮助他们解决根本的问题。使用对侧上下肢运动模式爬行只是儿童早期模式的一个典型例子，它对其以后的学习具有深远的影响。

生长和运动能力的变化：从出生到 18 个月

在这个阶段，婴儿的发育速度非常快，并发生显著的变化。发育的顺序表现为从上向下（头—脚）和从中心到外围（近端—远端）发育。这就解释了为什么婴儿在坐之前可以自己支撑头部，在爬之前可以坐着，以及为什么在能够保持躯干直立之后才会指向某物和主动松手（即发展四肢的动作）。

神经系统的变化也会随之发生。出生时，婴儿的延髓和中脑是发育最完整的部分。它们负责管理婴儿的基本活动，如注意、睡觉、醒来、排泄以及头颈部运动。婴儿大脑最不发达的部分是大脑皮质，这是包裹在大脑表面的褶皱灰质，负责处理感知、运动和语言以及所有复杂的思维（如解决问题）。

大脑有许多不同的部分（见图 2.2），它们共同工作，让我们笑和哭、与家人建立联系、了解周围发生的事情、学习日常生活所需的语言和其他技能，以及采取创造性的举动以扩展思维并做出决定。但这一切不可能同时发生。大脑需要时间才能发育成熟。温斯顿（Winston，2004）在调查儿童的冲动行为时，选择了关于“延迟满足”的研究课题。他向拿到一颗糖果的儿童保证，如果他们稍后再品尝这颗糖果，那么他们会再得到一颗糖果。即使真的有奖赏，他发现许多儿童还是会等不及。由于儿童额叶皮质的奖赏中枢发育不成熟，因此，很多儿童无法等待奖励！许多儿童的奖赏中枢直到成年才成熟。患有多动症的儿童尤其如此，他们会做出强迫性甚至危险的行为，因为他们行动的冲动不受奖赏中枢的控制。但是，当大脑的这一部分逐渐成熟时，作为青少年，他们会更加冷静，而不像年幼时那样冲动行事。

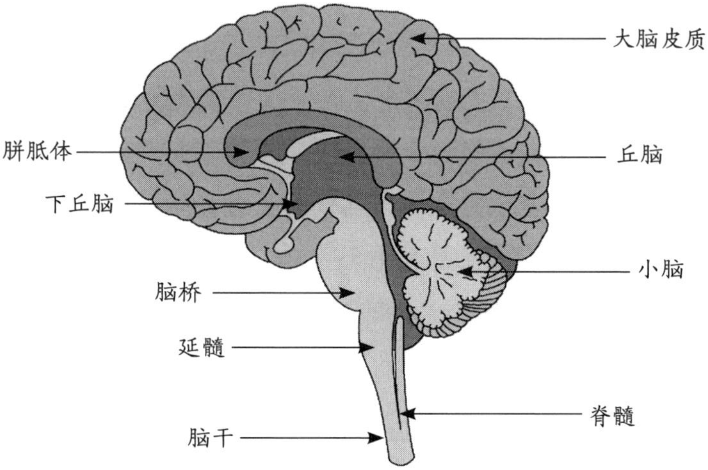

图 2.2 大脑

婴儿出生时的表现有赖于脑干的发展，一些信息输入来自中脑和大脑后部。大脑后部这个区域通常被称为小脑（the little brain），因为它像皮质一样分为两部分，控制肌肉张力。新生儿相对无助，比如无法向前伸手，表明其力量或肌肉张力尚未发育成熟。“下脑”（lower brain）部分控制着维持生存的重要功能，如调节呼吸、血压和保持一般的警觉水平。只有这部分逐渐成熟，其他部分才会活跃起来。

与脑干相连的是网状激活系统（reticular activating system）。这是一束复杂的神经纤维，用于监测感知觉信号，使它们在不同的情况下刺激感知觉或使其平静。这对于维持意识和唤醒儿童至关重要。边缘系统由不同的区域组成，如杏仁核（情绪中枢）、下丘脑（有关记忆和学习）和丘脑的一部分（皮质和感觉器官之间的中继站）。它们都与学习记忆事物和情绪处理有关。

中脑是连接下部结构和大脑皮质的桥梁。它包括下丘脑、基底神经节和丘脑，这些中枢与小脑一起控制肌肉运动、感知觉和自主神经系统。它们对计划和组织行动方面很重要。

大脑后下方是小脑。虽然它不能自行启动神经过程，但它可以控制肌肉张力并监测来自大脑运动中枢和肌肉神经末梢（本体感受器）的所有刺激。它协调来自感官的所有输入，从而控制每一个动作。来自前庭（平衡）、眼睛、下肢和躯干的信息都通过小脑到达其专业区域进行分析和行动。小脑在髓鞘的发育中也至关重要，髓鞘是轴突外面包裹的一层膜，有助于神经元之间信息的准确传递。

大脑的外层是大脑皮质，分为两个半球，由胼胝体连接。大多数任务涉及两个半球，信号快速通过胼胝体（数百万根神经纤维束），从而利用这两部分的能力。女性的胼胝体体积可能比男性大 40%，因此，她们有能力同时完成多项任务；男性的胼胝体较小，因此他们同一时间只能专注于一项任务！运动障碍儿童也有较小的胼胝体，这或许是他们在动作的流畅性和灵活性方面存在困难的原因。天才儿童的胼胝体很大，有利于学习。

大脑的右半球似乎是儿童学习新技能的“练习场”，然后传递到左半球进行改进。例如，在学习阅读时，儿童的大脑活动主要发生在右半球，但在 7 岁左右时，学习会转移到左半球，以注意细节和逻辑（Bakker，1990）。这也是北欧国家将儿童接受正规教育的年龄推迟到 7 岁的原因之一。7 岁的儿童已经准备好接受更复杂的输入，特别是他们已经建立了其他技能和能力的基础，涉及滑雪、户外拓展训练活动。这些给予了儿童信心和力量，有助于他们建立神经联系，促进各种学习。

儿童从 2 岁开始发展“恰当的语言”，将激活两个语言区域，这两个区域都位于大脑的左侧。布罗卡区（Broca’s area）处理语音清晰度，而韦尼克区（Wernicke’s area）负责理解语言。这两个区域连同它们之间的桥梁——岛叶，应当协同工作。然而，一些阅读障碍儿童的布罗卡区处于“超速”状态，而另一个韦尼克区则无法发挥正常的功能。因此，有的儿童在说话的同时无法理解自己在说什么。这是不寻常的，因为理解力的发展通常先于语言的发展。针对患有阅读障碍的儿童，研究发现他们理应“兴奋”的岛叶毫无反应（Carter，2000），因此儿童的语言问题有生理原因。

每个大脑半球可以分为四个脑叶。在大脑后部，枕叶主要由视觉处理区组成。大脑顶部的顶叶负责运动、定向和识别。颞叶处理声音、信息理解和记忆。额叶负责执行思维、问题解决、概念化和制订计划。儿童的身体、社会性和情感方面的发展与智力一起成熟。

神经元

神经元（见图 2.3）是大脑活动的最基本的单元。出生时，婴儿有 1000 亿个神经元，但它们尚未发育成熟，因为传递信息和指令的轴突或其他部位还没有生长。来自感官的信息被树突接收，沿着轴突传递，然后穿过突触与周围神经元上的其他接收细胞连接。当轴突生长并形成髓鞘且同神经元一起工作时，发育就开始了。神经元是灰色细胞［普瓦罗（Poirot）经常提到的思维细胞］，它们由隔离轴突的神经胶质细胞支撑。这层隔膜称为髓鞘，髓鞘是分阶段发育的。

在婴儿期，大脑发育主要分为两个阶段。在婴儿两三个月大时，突触连接迅速发展。这些是“期待体验”突触，让大脑准备好随时接受新的体验。在 2 岁后，第二阶段是“经验依赖”突触的发展阶段。它们取

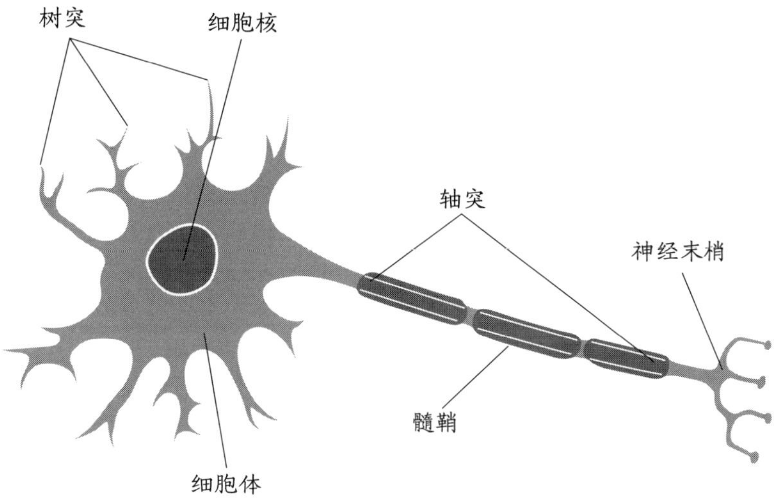

图 2.3　神经元

决于环境体验才能被激活。当 6—7 岁儿童能够完成更复杂的任务时，它们又将出现一次激增。这些研究结果对于教师规划教学材料的呈现时间很重要。自然发展与养育的交互作用再次显现！

什么是学习？

在本书中，“学习”是一个关键概念。但是，当儿童学习时会发生什么？家长和教师如何知道儿童的学习已经发生？

当儿童知道新事物或能够做一些他们以前做不到的事情时，学习就发生了。如果没有改变，就没有学习。儿童是否有可能置身于社交、互动的环境中却一无所获？当必须学习的内容仅仅比儿童已经知道的多一点时，学习似乎更容易发生。这意味着学习期望是现实的，成功是可能的。儿童能够理解要实现的目标，并知道他们能够做到。然后成人可以真诚地表扬儿童，提高儿童的自尊心，这样他们会自信地期待新任务。

作为榜样的家长和教师必须记住，要向儿童展示他们希望自己能够从儿童身上看到的品质。在非常繁忙的日子里，这可能很难做到！但是，儿童通过潜移默化的方式学习，他们从非言语行为中接收到的信息比他们从口头指令中接收到的信息更多。成人的面部表情和肢体语言能够传达90% 的信息——如果它们与成人讲出的话语不一致（这被称为元冲突），那么就会造成儿童的困惑。教师有时会无意识地这样做，例如，他们在看着一个儿童的艺术作品时说“很棒”，同时对另一群吵闹的儿童做出“安静”的手势，然后离开去解决争吵。创作这幅作品的儿童会感到不被重视，可能不愿意再次尝试创作。

新的学习应当与儿童已具备的能力仅一步之遥，这一观点也很重要。人们会问：为什么像奥运会这种级别的体育赛事的影响力不持久或者为什么不能让每个儿童都为了荣耀而训练？除了考虑费用外，儿童认为他们能做的事情与运动员的成就之间的距离太远了。鉴于差距太大，很少有儿童愿意等待并接受长期艰苦的训练。只有少数人能够在多年后的某一时刻获得成功的延迟满足感。

更为复杂的是，每个儿童都想练习做不同的事情。他们有着不同的抱负（尽管可能被视为试图取悦他人）和影响学习的不同气质。教师试图通过观察儿童在不同环境中的能力来做出辨别，继而为其创造适当的学习机会。他们根据每个儿童所学到的知识来评估自己的教学计划（见第三章）。他们身负艰巨的任务。

什么时候开始学习?

学习在一个人出生前就开始了。儿科医生和母亲们发现，子宫里的胎儿会安静下来听母亲说话或听音乐。关于这是不是学习的争论还在继续！当然，胎儿一定在听。关于反射及其抑制的存在和时间，以及其对儿童未来学习影响的研究表明，理想的学习过程应该从孕期开始无缝衔接。在9个多月的妊娠期内，胎儿的力量感在母亲的子宫内得以发展，当胎儿在羊水中踢动和转动时，他正在了解身体的边界，即哪里是自己身体的尽头，哪里是外部世界的起点。这是基本的空间意识，也是一种基本的运动能力。平衡感或前庭觉，这个首先要发展的感觉让胎儿处于正确的头朝下的姿势，为出生做好准备。它通常被称为“感官乐团的领导者”，因为所有其他感觉都会通过它到达大脑的高级中枢。令人惊讶的是，许多臀位分娩是由胎儿前庭功能不佳引起的，后续这些儿童可能会有平衡困难，延迟其运动发展进度并影响其日后的书写或运动技能。了解这一点意味着教师可以观察儿童平衡能力的发展情况，并创造与其年龄相适宜的学习机会来促进其平衡的发展。平衡体现在儿童的一切行为中，而不仅仅是能够单腿站立！每个动作都会促进平衡——儿童做动作的时候要注意身体的不同部位对整体的贡献。“站立片刻以保持平衡”和“慢慢地走”是关键指示，有助于儿童避免冲撞和跌倒。

运动里程碑

运动里程碑（参见附录1）为儿童何时能够坐立、走路和跑步提供了大致的指导。它提供的时间参考是一般性的进度指标——例如，有些儿童在10个月时会走路，有些儿童在18个月时会走路。前面列举的两种情况下的儿童都没问题，但任何明显偏离正常的情况都必须立即接受调查，以便成人采取干预措施来支持儿童。语言里程碑也提供了参考（参见附录2）。

感觉意识和学习

本章中提到了感知觉的发展，下文给出了一些儿童可能存在的问题表现，为教师采取干预措施来解决问题提供了参考。教师通常会教儿童识别五种感觉。其实感觉的种类还有很多，但它们对于大多数儿童来说太复杂了。

感　　觉

有关感觉的介绍，请参见表 2.2。

表 2.2 感觉

感觉	关键作用	问题表现
前庭觉	平衡	摇摆不定；不愿离开地面或冒险，如不愿使用三轮车或攀爬架
动觉	空间意识	无法判断距离；容易碰撞和弄撒东西；容易把东西打翻
本体觉	身体意识	动作笨拙；不知道身体的各部位在哪里
视觉	看见和追踪	斜视；揉眼睛；拿着书时，书离脸部太近或太远
听觉	聆听和听见	分心，无法集中注意力
触觉	感觉和接触	需要被用力触碰或无法忍受被触碰；对疼痛和温度变化反应强烈或没有反应
味觉和嗅觉	接受或拒绝食物；判断距离	不愿尝试食物；被强烈的气味困扰

前庭觉

儿童出生前需要发展的第一个感觉是前庭觉或平衡感。前庭器官位于人的内耳。前庭觉是“感官乐团的领导者”，因为所有感觉都必须通过它到达大脑皮质（大脑的思维部分）。在母亲的子宫内，良好的前庭觉使胎儿能够以正确的方式出生。臀位分娩的婴儿平衡感可能很差（因为出生前前庭功能较弱），手部控制能力也较差。出生后，前庭觉能够帮助儿童应对重力问题。阅读障碍和运动障碍患者的前庭觉较差。

前庭觉不佳

前庭觉不佳的表现或观察点：

- 平衡感差；
- 晕车；
- 不喜欢快速改变方向；
- 避免使用攀爬架等设备；
- 容易迷失方向（因此，要保持环境安静和整洁）；
- 碰撞和掉落东西；
- 难以保持静止。

动觉和本体觉

虽然这两个名称经常互换使用，但动觉只有在我们身体移动时才起作用，而本体觉一直在传递位置信息。

本体感受器遍布全身——皮肤、肌肉和关节（甚至毛囊），可以如实地告诉我们哪里是自己身体的尽头，哪里是外部世界的起点。因此，本体觉较差的儿童通常难以保持静止——他们必须移动，以便动觉和本体觉为他们提供更可靠的有关他们在空间中的位置的信息。

动觉和本体觉不佳

动觉和本体觉不佳的表现或观察点：

- 稳定性差，例如，儿童在进行手工活动时趴在桌子上或在故事时间坐在地板上扭来扭去；
- 容易因保持直立姿势而感到疲倦；
- 不停地移动或坐立不安（提供一个可以坐的豆袋椅和可挤压的东西）；
- 深度感知力差，例如误判楼梯高度；
- 方向感差（在儿童独立确定目标地点之前玩“去哪里”游戏）；
- 身体意识差［玩“西蒙说”（Simon says）游戏；其他的点子参见麦金泰尔的著作（Macintyre，2003）］。

视觉

视力评估应该涵盖的不仅仅是阅读或远视视力，它们通常是简易眼科测试中的主要关注点。“通过”这项测试的儿童在追踪（例如，跟随页面上的单词或黑板上的文字）时仍然可能会遇到困难。功能性视力取决于中枢神经系统的成熟程度。视觉运动整合技能也非常重要：两只眼睛必须协同工作才能专注于图像（双眼汇聚）。一些视觉整合能力差的儿童会看到双重的图像，不利于他们识别字母；其他儿童会看到字母在页面上移动，可能会感到眼睛很疲劳，并且试图适应这种移动。这被称为米尔斯－伊伦综合征（Mears-Irlen syndrome），它可以通过眼镜中的彩色覆盖物或彩色镜片来辅助治疗。儿童还可以选择最适合他们的纸张颜色，因为不同的颜色可以减少光线的反射。

儿童还必须能够调整他们的视觉焦点，以便他们能够辨认物体并从不同的角度和方向观察物体。这被称为调适。整合、调适和追踪等技能是儿童毫无压力地快速识别字母和流畅阅读的先决条件。

视觉不佳

视觉不佳的表现或观察点：

- 追踪能力差；
- 儿童说字母在页面上跳跃或重叠；
- 揉眼睛或眯着眼睛以避免光线；
- 被要求选择一本书时感到苦恼。

听觉

在生命最初的三年中，儿童倾听并学习母语的发音。此后，他们很难适应另一种语言的发音。显然，听力丧失会严重影响学习，但“能听到”的儿童也可能存在听觉辨别问题，如有的儿童有阅读障碍或运动障碍。这些听觉辨别问题被认为是需要干预的。如果儿童听不出“p”和“b”或“sh”和“th”之间的区别，那么他们的阅读和拼写都会受到影响。即使是默读也会受到影响，因为儿童会听到内心的声音——如果声音不清晰，这个过程就会受到影响，就像大声朗读一样。

听力太好（即听觉超敏反应）与听力太差的儿童会面对同样多的困难。被声音“轰炸”的儿童可能很难从周围不同的噪声中选择他们需要听到的内容。即使在安静的教室里，一些儿童也很难听到教师的声音，因为他们无法消除轻微的沙沙声和吱吱声的影响。

听觉不佳

听觉不佳的表现或观察点：

- 对声音过于敏感；

- 不能区分声音之间的差异；
- 延迟回应；
- 不断要求别人重复所说的话。

触觉

触觉或对触摸的敏感性在儿童接受喂食、交流和培养安全感方面很重要。触觉是最早的学习来源之一，触觉感受器覆盖全身，它们与大脑中的体感皮质相联系，后者记录着热、冷、压力、疼痛和身体位置，在身体的平衡方面发挥着重要作用。

有些儿童对触摸反应过度，这导致他们对大多数同龄人的欢迎方式（如拥抱）感到苦恼。这可能会使他们变得孤立，尤其是家人可能会错误地将他们的反应理解为拒绝。然而，这些儿童也可以成为“触摸者”，通过接触他人来寻求感官刺激，即使他们可能会对这种主动行为感到痛苦。

疼痛感受器也可能会引发问题。有些儿童是低敏感的，可能感觉不到疼痛或体温的变化。他们可以忍受端着烫手的盘子或出门时不穿防寒风的衣服。超敏感的儿童可能会对打针和看牙医反应过度，因为他们感到太痛了。甚至有些儿童在剪指甲或头发时也会感到疼痛。各种问题都源于儿童对触觉的超敏感和低敏感。

触觉不佳

触觉不佳的表现或观察点：

- 不喜欢被触摸，所以逃避接触；
- 强迫性地触摸他人；

- 疼痛可能导致反应过度或不足；
- 温度感受力不佳；
- 容易过敏——也可能是湿疹；
- 不喜欢接触性运动或游戏；
- 如果儿童缺乏保护性控制，他可能感觉不到危险。

嗅觉和味觉

嗅觉是人的所有感觉中最能唤起记忆的，如在炎热的夏天里闻一杯变酸的牛奶。嗅觉还可以刺激控制食欲、体温和性欲的激素。不同的气味可能会让人联想到不同的情境，例如，医院的气味可以唤起痛苦的记忆，花香可以让人想起婚礼等喜事或葬礼等悲伤的事情。

味觉在一定程度上受嗅觉影响，因此，不难理解为什么儿童仅仅因为不喜欢某些食物的外观或气味而拒绝品尝这些食物。儿童最早的一些学习源自这些感觉；众所周知，在感知运动阶段，婴儿会把所有东西都放到嘴里。这个身体最敏感的部位会告诉他们食物的味道和质地——它是硬的、软的，还是黏的，以及味道是否令人愉悦。

嗅觉和味觉不佳

嗅觉和味觉不佳的表现或观察点：

- 对新食物非常挑剔，只能接受很有限的食物；
- 因有杀菌剂甚至香皂的气味而拒绝上厕所；
- 不喜欢靠近他人，尤其是当他人使用香水或润肤水时。

感 觉 统 合

儿童表现出痛苦的模样，可能是因为他们的感觉输入过多或过少。选择撞击或碰撞他人的儿童，可能没有接收到能让他们以更温和的方式应对问题的信号。另一方面，即使是闪烁的灯光或沙沙声也可能让敏感的儿童感到不安。有些儿童能够解释问题出在哪里，但有些儿童（尤其是自闭症患者）会认为你已经意识到他们的问题，而且他们无法将问题解释清楚。不幸的是，儿童可能认为自己无能为力，但是教师可以采取措施，通过创设学习环境补偿儿童的感觉障碍。

第三章

观察、评估、计划、干预和评价

——OAPIE[1] 循环系统

本章介绍了教师如何在与儿童日常互动中实施周期计划，其中包括观察、评估、计划、干预和评价各阶段。

教师能够了解儿童的发展，并通过细致观察来识别儿童能力的变化，这是早期教育的基石。课程以儿童为中心，以游戏为基础，游戏是儿童主要的学习活动。教师可以通过观察来了解每个儿童各方面的发展状况，并为他们创造学习机会，培养他们未来学习所需要的技能和能力。儿童之间的个性、语言和文化差异以及家长的参与程度，都使教师的这项任务变得复杂，尤其是家长特别关心孩子的成长，但他们对“教育”可能持有片面的观点。

一些幼儿教师这样谈论他们所面临的挑战：

> 我们接触过需要拓展课程的儿童，也遇到过整体发展迟缓的儿童，他们需要强化和反复学习最基本的东西；有些儿童渴望参与

① 英文“observation，assessment，planning，intervention and evaluation”（观察、评估、计划、干预和评价）的缩写。——译者注

所有活动，有些儿童则不愿参与任何活动。我们还曾遇到残疾儿童（如唐氏综合征患者），他们在活动中可能会发生碰撞。但无论如何，我们都必须为每个儿童提供支持和挑战，并对他们的成功给予认可。这是一项很有价值但又很复杂的工作。考虑到当前复杂的文化背景，我们很容易在无意中冒犯他人，这也为我们的工作带来了更多的挑战。有时，特别是在资源不足或者不利天气条件导致儿童不能出去玩的时候，我们只能问自己："接下来该怎么办？"

图 3.1 萨姆正在研究鸟儿在哪里筑巢

安娜是一位新任教师，她解释了自己和同事的教育理念。

在与家长和儿童的交往中，我们试图在开放和友好之间找到一个平衡点，支持家长和儿童，建立一个常规环境，使孩子们感到安全，并允许工作人员设计课程来拓展儿童的兴趣和学习。为了了解儿童的进步，我们需要设计适当的活动和整合所需资源。我们也

> 想与家长分享我们的发现，了解他们是否对孩子的表现满意或者我们是否需要调整课程。大多数家长理解这很复杂，愿意合作、提建议并贡献力量。他们通常会给予我们积极的反馈。但有些家长似乎认为幼儿园只是免费照顾孩子，所以我们必须制定“规则”。比如，告诉他们：“当孩子按时入园，头脑清醒，准备好享受幼儿园的日常活动时，他们表现最好。”虽然我们理解一些父母面临的极端困难，而且想知道该如何应对，但我们必须先建立基本规则。我们理解他们提出的“正当的理由”，并且提供早餐或额外的围巾和手套。这些都不是问题。但是当 3 岁的孩子说“我们昨天偷懒了，睡过头了，然后看电视了”（事实上，他们确实会这样）时，一种挫败感就会涌上我们的心头。

刚开启职业生涯的幼儿教师会对日常工作存在很多疑惑。在幼儿园工作了一年的保育实习生鲁比表示：

> 我应该只观察一小组儿童，然后照看其他人，但他们总是到处乱跑。我尝试观察他们在干什么，但是他们一刻都不停。我不知道该记录什么。我昨天做了一些笔记，记录了马克斯知道的颜色，我想在今天确认一下他是否还记得这些颜色。但他把颜色都弄混了，又跑到水池边玩去了。我记录的其他笔记也像垃圾一样没什么用。那么在今天的员工会议上，我要怎么发言呢？我根本没有发现什么有用的内容。

幼儿教师可能都会同情鲁比。她发现观察（尤其是观察幼儿）是一种慢慢获得的技能，正如她说的，儿童不会有“停止”的时候。也许，作为一个新手，她可以做一个表格，请教有经验的教师如何去观察具体的事情。当她建立信心，有更深刻的洞察力去观察特定的儿童时，她就可以采取一种更开放的立场，记录下所看到的东西，并且知道这些东西将很有用。一开始，记录细节似乎有点乏味，但将许多观察结果放在一起（例如，在另一个地方，马克斯可能提到了一辆蓝色卡车或一辆红色巴士，然后另一名教师可以确认他确实认识颜色），评估就可以更生动，从而有助于她建立儿童发育档案。

幼儿园保育员杰森已经在相同的环境下工作 4 年了，并且与来到幼儿园的幼儿家庭建立了良好的关系，但仍然有一些问题让他感到困惑，他开始反思为什么。他说：

> 我所在的幼儿园里有三个儿童来自同一个家庭。其中两个男孩看起来很自信，无忧无虑，而年龄最小的女孩阿里则孤僻害羞。当她和她的妈妈以及两个哥哥来幼儿园参观时，她似乎对幼儿园里正在发生的事情很感兴趣。她现在正式入园了，有充足的时间待在这里，但是她不愿意留在幼儿园里。她每天都在哭，总想回家。
>
> 我们都没预料到这一点，她的妈妈想专心工作，似乎在责怪我们给她打电话，她告诉我们她的工作不能被电话打断。我们应该怎么办呢？

阿里可能感觉到妈妈需要离开，她没有安全感。她不知道妈妈的工作单位在哪里，她的焦虑超过了对幼儿园的好奇。教师很难预测当孩子被迫与父母分离时，他们会有什么反应；虽然阿里的两个哥哥很容易安顿下来，而且妈妈当着她的面拿她与哥哥们做比较，但这对阿里并没有什么帮助。也许教师可以提供一个安静的角落，让她和一两个友爱的儿童一起玩。一旦她能和朋友建立一个安全的空间，她可能就会变得更自信。但最重要的是教师要有耐心，同时要试图分散她的注意力——可能是给她一个特殊的任务，例如，让她给妈妈准备点心，或者做一条项链。我们可以给她一些温和的或者积极的反馈，使她适应幼儿园。

康纳是一名助理教师，负责照看有特殊需要的儿童。杰伊 5 岁，患有阿斯伯格综合征，需要花一些时间才能和其他儿童一起玩。杰伊非常聪明，但在和其他儿童互动时有困难，于是康纳专注于研究如何培养儿童的社交技能，以及糟糕的沟通对儿童学习的负面影响。他发现，自己很难帮助 4 岁的蒂姆提高社交技能。蒂姆的父母没有向幼儿园报告任何问题。康纳提出了自己的困惑：

> 我怎样才能让他们从独自玩耍过渡到一起玩耍呢？我理解杰伊的社交困难，我正在努力帮助他学会识别他人的面部表情流露出的情绪。但我不确定如何为蒂姆提供支持。他很孤僻。如果让他独自玩，他会很高兴，即便我们坐在地毯上讲故事，他也会远离旁边的同伴（无论是谁）。如果我们试图改变他，他就会愤怒地回应——捶打和吐痰。如果他在下一节课之前能更加放松和善于交际，这对他会有帮助。我们怎样才能帮助他呢？

蒂姆显然是一个非常不快乐、没有安全感的小男孩。帮助他融入其他同伴并不容易，需要成人有无限的耐心。康纳可以试着想办法逐渐缩短蒂姆和另一个幼儿的距离，比如给他一个豆袋椅，让他在听故事的时候坐在豆袋椅上，然后慢慢地靠近另一个坐在豆袋椅上的幼儿，这样可能会起作用，因为这个豆袋椅可以界定“他的空间”，帮助他找到安全感。但这还需要一些时间。

发现蒂姆最喜欢的活动，然后找到有同样兴趣的人和他一起玩，这样可能会有帮助。重要的是活动，而不是和谁一起玩。蒂姆喜欢在沙子上建造小路，但当其他男孩或女孩靠近时，他就会停止这个游戏。也许他担心别人扔过来的沙子会飞进他的眼睛里。也许，像杰伊一样，他也认识到自己存在社交困难，例如，无法理解其他儿童之间的非语言交流，因此，他无法做出适当的反应。允许他独自待在沙池里，然后只和另一个安静的幼儿（如温柔随和的马克斯）在一起，这值得一试，尤其是当蒂姆知道另一个幼儿在忙于其他活动，不会打扰他时。如果这次成功了，也许他的妈妈可以邀请那个幼儿到他们的家里玩游戏，这样可以让两个孩子建立友谊。蒂姆会让马克斯在他旁边玩吗？马克斯患有阿斯伯格综合征，他不会提出任何社交要求，然而他们都会感觉到彼此的存在。

同样重要的是，要弄清楚蒂姆的父母是否觉得他独自在家是个问题。也许他们也是喜欢独处的人，没有社交需求。也许他们对于什么对蒂姆最好有不一样的看法。

当然，向孩子的父母提出建议可能很困难，因为他们也许会将教师的一些想法或策略视为对其养育方式的批评。如果家长的观点与幼儿园里关于“什么对孩子来说是最好的”的观点相冲突，那就更棘手了。埃米莉是一名非常有经验的幼儿教师，她分享了自己的经验。

> 李是一个很棒的孩子，他非常享受画画、制作工艺品和烘焙——他喜欢我们提供的一切。但他的妈妈想让他学会阅读和写字，当她把他带到幼儿园时，她总是对他说“现在就去找一本书看”或者“自己写字”。我试着向她解释，正式教授阅读和写字并不是我们课程的一部分，他会在下一阶段学习这些内容。但是我发现有些孩子，尤其是女孩，喜欢像写字这样可以培养精细运动技能的活动，因此，我们提供了练习前书写技能的机会，但我们不会强迫孩子，因为他们掌握这些技能的时间是不同的（见图 3.2）。我们有很多图书，我们鼓励所有孩子翻阅图书，解释自己在图片中看到的内容，并且每天互相讲故事（见图 3.3）。

■ **图 3.2**　李和伊莱在练习前书写技能，李对写字没兴趣

■ **图 3.3**　儿童每天都沉浸在故事中，学习描述性词汇，逐渐了解事件的发展顺序

李的妈妈和许多父母一样焦虑，因为他们不认可儿童在接受正规教育之前进行的大量学习，也不赞同这一切涵盖在以游戏为主的早期课程中。也许教师可以在家长会上做出解释，或者提供儿童学习单词识别、前书写和前运算的实例。一些早期教育机构会提供相关传单，供父母在家里学习，但有时这样做是不够的。幼儿教师必须永远记住，一些父母在读英语时可能有困难。如果父母要求知道更多的细节，也许早期教育机构可以购入一批图书供家长借阅［想了解更多详情，请阅读麦金泰尔和麦克维蒂的作品（Macintyre & McVitty，2003）］。然后，父母就会意识到孩子不是单纯在玩耍，游戏对他们来说是一种无压力的学习。

也许更需要小心处理和更具挑战性的是：当孩子第一次经历丧亲之痛时，成人需要知道应该说什么和做什么。戴夫发现自己不知道如何安慰蕾切尔，她的爷爷去世了。此外，他不确定这个小女孩或这个家庭的信仰状况，出于健康和安全考虑，他无法用拥抱来代替安慰的话语。他的描述如下。

> 蕾切尔冲到我面前说："我爷爷走了。"我不知道发生了什么事，所以我问："他去哪儿了？"当她的眼泪涌出来时，我明白了并感到非常慌乱。"我不知道，"蕾切尔低声说，但又笑着补充道，"不过他好了以后就会回来的，不是吗？"对于这种情况，我应该说些什么呢？

当教师认为一名幼儿可能需要额外的学习，而家长却否认这一事实时，最好的解决方法是什么呢？玛丽亚就碰到了这种情况，她的描述如下。

> 我们碰到了一个小男孩奥马尔，他已经 14 个月了，很瘦弱。

虽然他想离开自己的小床，但他无法自己站起来。他能够自己坐一会儿，但很快就会倒下。他妈妈已经带他去看了医生，并被告知孩子没有什么问题。在托儿所里，我们不确定他的身体是否存在什么健康问题，或者他是否会随着年龄的增长而变得更强壮。他总是早上 8 点第一个进托儿所，晚上 6 点最后一个被接走。他不在托儿所的时间里会发生什么，我们并不知道，但我们都怀疑他没有睡好觉。我们应该怎么办呢？

上述情况很棘手。家长必须同意托儿所与健康顾问[①]取得联系，健康顾问是这个年龄段儿童的关键看护者。年龄发育迟缓（儿童一旦成熟、强壮就有希望赶上来）与疾病综合征的症状（例如，儿童发育不良时早期干预是必要的）之间的分界线并不清晰。如果家长不希望托儿所联系健康顾问，那么教师担心的问题会持续存在，而与家长建立友好的关系是最好的解决方式。教师给予积极的反馈非常关键（如“奥马尔伸了伸腰，手里握着玩具汽车很久了，他今天笑得很开心”），可以让家长感到放松，使他们明白你想建立一个积极的伙伴关系来给孩子提供支持。他们可能对孩子的进步非常不满意，也可能正处于否认一些事情出问题的阶段。指出事情积极的方面是一种微妙的方式，能够说明孩子正在取得的成就——但这种策略需要你的时间、耐心和机智。另一方面，奥马尔的妈妈可能会觉得教师的一些做法不合适，她认为托儿所的环境和教育理应比她在家里提供的更好。最终，如果教师认为幼儿正在受到家长不作为造成的伤害，那么托儿所或管理人员将决定下一步要采取的行动。任何教师都不应该单独行动。

① 英文为“health visitor”，指社区中的专业护士或助产士，负责为婴幼儿家庭提供健康建议和支持。——译者注

了解儿童的发展和培养观察技能是早期教育的关键

这是因为早期教育是以儿童为中心的。这意味着教师要仔细观察儿童，重视和记录儿童在各个发展领域（包括社会性、情感、智力、道德和运动）所获得的发展。这些信息被记录下来，标明日期，并加以讨论，这样随着时间的推移，教师就会建立一个完整和准确的档案来记录儿童的进步。观察结果还能明确指出每个儿童需要什么，有助于教师规划促进每个儿童学习的机会和方案。通过观察，教师还能识别出儿童的优势，以便为其准备拓展活动。这种拓展活动可能是以资源的形式呈现的，例如，提供一本符合儿童兴趣的图书或者能够使儿童以高水平完成工作的手工材料。观察结果也可以突出任何儿童需要特殊干预的困难，例如，如果一个儿童发现自己很难做越过身体中线的动作，那么他的爬行能力就需要被教师评估，因为这是他发展横向协调能力所需要的。激发儿童的天赋和才能非常重要，教师应识别和监控儿童的需求，并且尽可能在儿童意识到自身的需求之前关照到他们的需求。

观察和记录

教师掌握观察儿童的技能（比如，练就一双能够发现个体差异的慧眼）需要一定的时间。这是因为教师在检查自己的记录时，有太多的孩子和事情要照看，而且孩子们很少会安静地坐着等待。教师通常急于组织孩子们继续玩游戏，并没有真正意识到可能会忽视对孩子们的观察。这就是为什么教师经常在记录儿童行为时感到不知所措，而这些记录可以形成儿童进步的档案。当教师看到不同的记录（总是带标题和日期）整合在一起时，他们就会相信，自己记录的细节对描绘一幅有意义的图像非常有价值。有时，有经验的观察者和新手观察者在观察同一名儿童时可能会看到不同的情况，这可以丰富他们的讨论结果。在记录中写明观察者的名字，可以显示每个观察者所观察到的内容和范围。最好的办法是给儿童录像，特别是当这些观察差异出现时，视频可以在相关点回放和暂停，给观察者时间从不同的角度回顾自己的观察结果。录制一个视频也可以让缺席的教师或家长分享儿童特别有趣的进步时刻。

有时，教师可以观察儿童某种特定的能力。例如，“限时任务”作为教师收集证据的一种手段，有助于他们确定儿童注意力的持续时间，或者确认儿童是否因过于沉迷某个地方或玩具而限制了学习。在这种情况下，教师可能需要“记录莎伦在每项活动中停留的时间，并记录她选择做什么”。这种时间取样法将限制教师需要记录的内容，例如观察和记录莎伦与其他儿童互动时使用了什么语言。这种观察只需要一个时间框架。要注意到，观察记录可以为教师以后的反思做参考（见表 3.1）。

表 3.1　时间取样（1）

计划时间： 每 3 分钟一次	**儿童姓名：**莎伦　　**观察者：**利安娜 **观察内容：**观察儿童在一个活动上花费的时间
13:00	寻找婴儿车，抓住把手，在房间外面游走。她不检查洋娃娃是否在婴儿车里。她猛烈地摇晃着婴儿车，看着车轮旋转着
13:03	萨莉想要那辆婴儿车。莎伦瞪着眼睛，试图把婴儿车推到萨莉身上——萨莉后退了几步，伸出了舌头
13:06	杰基走到莎伦旁边，他们一起去了房间里，莎伦还抓着婴儿车。她艰难地把它推进房间里，无视“请把它放在门口”的要求
13:09	他们在那里停留了一会儿。莎伦试图关门
13:12	他们开了一个茶话会。莎伦仍然用手推着婴儿车
13:15	杰基问莎伦，洋娃娃是否想要喝茶。莎伦摇了摇头。她从来没有找过那个洋娃娃。婴儿车对她来说是最重要的物品
13:20	杰基拿来了另一个洋娃娃。茶话会又开始了

根据这一观察结果，结合其他观察结果，证明教师对莎伦的担心不

无道理，莎伦表现出了强迫症的行为，于是教师们讨论了解决办法。他们应该把婴儿车藏起来吗？这是否会迫使莎伦选择其他的东西，或者剥夺她的安全感？他们是否应该忽视这种行为，随着莎伦变得更加自信，希望她产生其他的兴趣？对这些问题的不同回答取决于教师对儿童的了解程度和对其反应的预测。这就是基于观察的计划如此耗费时间且困难，但又如此重要的原因。

第二个例子是关于肖恩的。教师正在收集证据，以证明他的攻击行为是如何影响社交技能的（见表 3.2）。

表 3.2 时间取样（2）

儿童姓名：肖恩　　**年龄：**4.8 岁（幼儿园中班）
观察序号：本学期第 8 位

时间	观察到的活动
9:00	跑进教室，把外套扔到角落，没有说“早上好”
9:01	他转身打了另一个男孩，然后前往一个大的建构区，在那里他拆除了一个“城堡”，把积木粗暴地砸到地板上
9:05	坐在老师旁边，面对着大家，唱《早上好》儿歌。当被要求加入其他人的小组时，他皱了皱眉
9:07	不是放松状态——肩膀很紧张。问：“我什么时候能拿到积木？”
9:08	老师请他再静坐一会儿。他挣扎着站起来，在教室里跑动。他撞到了桌子，大声说他腿痛
9:10	他找到自己的外套，大声喊道：“我要跟我妈妈告状。”

像这样的 10 分钟观察记录详细地呈现了肖恩的反应和态度。它提供了肖恩焦虑的证据，教师可以将它与其他记录进行对比，以便在需要专家的支持时，为心理学家提供儿童的情感档案。

另一个观察可能涉及儿童的运动技能。在这种情况下，教师需要观察的技能要点已经提前列出来了，并且观察时间确定为三天（见表 3.3）。

表 3.3 三天观察示例

儿童姓名： 詹娜 **观察者：** 海伦
观察日期： 2013.10.14—2013.10.17

	是	否
爬		*
站或坐着一段时间	*	
用夹子夹起小物体		*
能轻松地拿着画笔	*	
爬上架子		*
独立如厕		*
在一个很宽的板凳上保持平衡	*	
操控铅笔		*

有时教师需要观察一名儿童或一个小组的儿童，他们被要求“记录你看到的”，通常他们是在便利贴上记录，然后这些便利贴可以放进一个文件夹。这些构成了教师们讨论的基础。

便利贴记录（2013.10.18）

马丁对攀爬很有信心。他能说清楚自己想做什么，并且认为“我可以比幼儿园里的任何人都跳得更高”。

目标： 用绳索和障碍物设置一个挑战，看看他是否能应对并评估自己的表现。

一位名叫爱丽丝的教师进行时间取样的方法是，先画一个圆圈代表钟面，然后限定自己每次观察 15 分钟。她想弄清楚约翰在户外玩大型器械时到底做了些什么。她怀疑约翰的平衡能力很差，她想知道这对他开展户外游戏的影响。因此，她的目标是同时考虑数量（约翰做某件事的频率）和质量（他有多么成功）。她重复观察了 3 次，然后记录总结，得出的主要结论如下。

- 约翰乐于在外面的大型器械里进进出出，他也很喜欢在地面活动（爬过隧道）。然而，他的跑步动作软弱无力，说明他的腿部力量很差。
- 约翰避免任何攀爬活动。他站在攀爬架的下面，但没有攀爬。
- 他试图把大球扔给一个朋友，但这个需要调动全身的动作让他摔倒了。
- 当他试图跑着跳过一个小垫子时，他跑得太快，失去了控制，一头倒在草地上。

在讨论时，教师们决定将重点放在提升约翰的腿部力量上，希望这将有助于他保持平衡（见图 3.4）。

根据儿童的反应来观察、评估、计划、干预和评价是早期教育的关键过程。收集观察结果是制订计划以提供最恰当的教学方式的第一步。这个过程可以看作一个循环（见图 3.5）。

这个循环中有一个环节是评价计划的有效性，这可以为教师们提供更广泛的讨论空间，并避免其他教师重蹈覆辙，浪费时间和精力。有时，词语的交替使用可能会引起儿童的困惑。最好在衡量儿童的进展或退步时使用“评估”（assessment）一词，在对计划进行批判性审视时使用“评价”（evaluation）一词。

表 3.4 和表 3.5 显示了两个计划示例。

图 3.4 约翰在玩耍

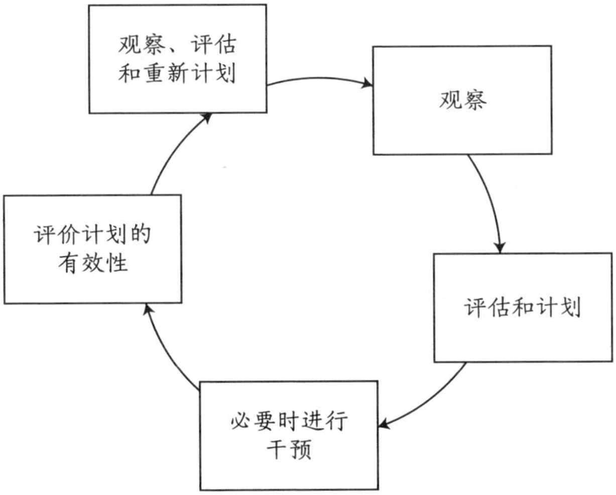

图 3.5 "观察—评估—计划—干预—评价"循环

表 3.4 计划示例（1）

姓名：罗里 年龄：18 个月	观察日期： 2012.05.16	计划 1：爬行教学 计划 2：加强肌肉力量	评估 / 行动	评价
注： 自主坐立，没有支撑	肌肉张力差，避免爬行	鼓励婴儿在趴着的时候撑起身体；选择性地牵拉婴儿的下肢肌肉；与婴儿的妈妈分享婴儿爬行的各个阶段，并确保她了解婴儿的运动模式	最初罗里不习惯趴着的姿势，教师通过悬挂气球来鼓励他抬头并用手支撑身体。 摔倒。 尝试翻转背部并用手支撑身体	加强手臂的力量——双腿仍然松弛。 鼓励用脚部动作带动手部动作

表 3.5 计划示例（2）

姓名：丽娅 年龄：36 个月	观察日期： 2012.06.19	计划 1：考察词汇 / 理解力 计划 2：记录谈话内容	评估 / 行动	评价
	丽娅的词汇非常丰富，但其他儿童不理解——沟通是单向的。她独自“读”自己最喜欢的书	仔细听，判断她的语言是否恰当。 鼓励孩子们玩互动游戏。例如，向对方滚球，然后等待对方的回应	语言很恰当，但语速很快。 很难维持注意。 非常沮丧	将她的话录下来，让她听自己讲的话。 让她和一个娃娃说话，感受语速快慢的差异

帮助发展身体意识的活动：从观察到 OAPIE 循环

在许多早期教育机构，《头、肩膀、膝盖和脚趾》（*Head, shoulders,*

knees and toes）是一首广受幼儿喜爱的歌曲。一旦幼儿熟悉了这些常见的身体部位，教师就可以在这首歌的歌词里增加其他的身体部位。

因此，我们可以从众所周知的歌词开始（这不是我的作品，但在这里摘录歌词，以防有人不知道），接下来再加上下面的两段，以扩展歌词。

头，肩膀，膝盖和脚趾，膝盖和脚趾，
头，肩膀，膝盖和脚趾，膝盖和脚趾，
眼睛，耳朵，下巴和鼻子，
头，肩膀，膝盖和脚趾，膝盖和脚趾。

头，肩膀，膝盖和脚趾，膝盖和脚趾，
脚，屁股，后背和鼻子，后背和鼻子，
拍拍你的肩膀，向右转，
伸向天空，触摸地面，触摸地面。

让你的手指伸展开，伸展开。
双手拍打身体两侧，
挥动手臂旋转，旋转，
非常安静地坐在地上，坐在地上。

（第二段和第三段由麦金泰尔撰写）

对幼儿来说，这些新增的歌词中隐含着什么新的学习 / 运动挑战？

在歌词的第二段，幼儿轻拍着他们的脚、屁股和后背。这些身体部位在活动中并不经常被提及，一些幼儿发现自己不知道它们在哪里。拍打后背也给幼儿带来了关于平衡的挑战。培养幼儿具备这种身体意识也有助于他们学会穿衣服和洗澡。一个有效的观察要点是，幼儿能否识别并轻拍他们难以看到的身体部位。如果这个活动对幼儿来说比较困难，则将幼儿两两分组，让他们分别指出对方身体上的部位，这可以是一个有趣的导入环节。

另外，在歌词的第二段，“拍拍你的肩膀”需要幼儿交叉手臂来拍打身体部位。这提供了一个很好的机会，教师可以观察幼儿是否能做出越过身体中线的行为，该观察结果在一定程度上与幼儿早先是否因非对称性紧张性颈反射而无法使用对侧上下肢运动模式爬行的结果一致。

观察和干预措施举例

劳拉老师观察到一个叫阿梅莉的幼儿无法很好地融入这个活动。针对她的记录和后续计划见表 3.6。阿梅莉对这个活动感到困惑。她非常不确定自己的这些身体部位在哪里，并且对儿歌的节奏感到困惑。我们可以将此作为一个样本，体会从观察到评估，到计划和干预，再到评价的过程。

表 3.6 实践“观察—评估—计划—干预—评价”循环

姓名：	观察日期：	计划 1：发展身体意识，以减少笨拙感。放缓儿歌的节奏，让幼儿保持良好的平衡状态。 计划 2：增加幼儿对手的关注度	评估 / 行动	评价
阿梅莉 年龄： 3 岁 4 个月	2013.08.12 伴随着儿歌活动头、肩膀、膝盖和脚趾		阿梅莉对节奏反应缓慢。手部缺乏控制，做不了越过身体中线的动作	开始简单的手部活动——检查手部控制力。把沙包扔进桶里，并用头部 / 手背平衡沙包。特别注意检查夹持力的发展

（续表）

2013.09.10	**活动** ①用手指画圆来集中注意力。 ②绘制身体，然后命名身体部位。 ③回顾《头、肩膀、膝盖和脚趾》的第一段	①不发达的夹持力使活动成为不可能。 ②阿梅莉享受过程并能够说出身体的几个部位在哪里	①在湿沙中绘制图案。 ②在沙子里埋小玩具。阿梅莉必须把它们挖出来。这提供了阻力/加强手指力量	①现在尝试根据儿歌，用手指指向不同的身体部位。 ②与玩偶谈论肘部、脚踝、脚后跟和膝盖。 ③阿梅莉现在可以跟上儿歌的节奏，重复并不断加速

在本章的前面部分，爱丽丝一直担心约翰的平衡能力和腿部力量不佳。考虑到她的时间取样记录，她的团队决定向约翰父母告知他们的担忧。如果双方达成一致，他们就会尝试通过物理治疗帮助约翰。与此同时，他们还计划了“齐步走”等活动。他们希望约翰能够通过走路活动，加强腿部力量。“像士兵一样行走”有利于幼儿的整个身体保持良好的姿态，而“停止”则是一种有趣的控制身体的方式。因此，教师为约翰制定了 OAPIE 循环（见表 3.7）。

表 3.7　“观察—评估—计划—干预—评价”循环（约翰）

姓名：约翰	**观察**	**评估**	**计划 1**	**评价**
年龄：4 岁	约翰回避攀爬活动——保持在地面活动。 动作太快，失去了控制	难以保持平衡，可能是因为腿部力量不够	4 人组成小组，齐步走，在转弯前停下脚步。 发出变化预警，例如：“准备好了吗？停止！” **计划 2** 试着在地面上踏步并发出许多噪声	他似乎很喜欢走路活动，但并没有投入太多精力。 投入更多的努力，但身体会倾斜——从踏步走到齐步走。这应该会帮助约翰保持更好的姿势

起初，教师们因效果甚微而感到失望，然而物理治疗师发现这个记录对他们的工作很有帮助。他们继续开展肢体活动，带着约翰去游泳，这样他就可以在水的作用下尝试平衡活动。他们向教师们保证，这样的干预对约翰是有用的。约翰也告诉他们，他是一个强壮的士兵。约翰对自己的肢体活动有了信心，他的步态也有所改善。

通过时间取样法，教师可以记录幼儿选择做什么，并且在必要时为家长或专家提供证据来证明幼儿有强迫性行为、身体缺陷，或者对新事物采取一种试探性的态度。有些儿童需要时间来观察其他人，他们知道自己可能会做出无效行为来掩盖自己需要观察时间这个事实。他们可能正在考虑如何参与活动或者采取替代策略。时间取样可以证明这是一个过渡阶段，或表明儿童有学习困难。这种方法可以帮助教师确定儿童存在的一些问题，以供他们开展进一步研究。

第四章

游戏

游戏是早期课程的基石，但很难将所有关于游戏的美好事物都包含在一个简洁的定义中。当被要求定义游戏时，一位了解如何在游戏中促进儿童发展的教师回应道："尝试定义游戏就像试图用纸袋抓住风。"这引起了很多同行的共鸣。他设想了在不同的游戏场景中可以观察到的无数意想不到的创造性事件，并否认用一个定义可以完全准确地描述这些事件！然而，家长和督察人员要求我们用更具体的解释来说明游戏课程的本质是什么。苏珊·艾萨克斯（Susan Isaacs）在 1933 年提出了一个经过深思熟虑的美妙定义。它经受住了时间的考验。

> 游戏是幼儿的生活，也是他们了解周围世界的方式。

她解释道，幼儿通过游戏来拓展关于自己和环境的知识与理解。玩是他们的工作。在早期阶段，幼儿通常被微笑和赞美包围，但年龄较小的幼儿会以自我为中心。他们是相对孤立的生物，还无法做出很多回应。但这也意味着任何早期的困难（如产后抑郁症），都不会破坏亲密关系。幼儿产生依恋和建立情感联系是一个随着时间的推移而发展的过程，而不是即时的依恋——至少对婴儿来说是这样的（Robinson，

2011)。幼儿按照自己的速度发展，没有人告诉他们该做什么或如何让事情变得更好！他们可以选择做什么以及何时停止。他们不必担心无法达到其他人设定的某些标准。

艾萨克斯从婴儿出生后的头几周就开始观察他们的游戏或互动，他们开始对成人建立联系和依恋的行为做出反应。这些反应包括转头并保持眼神交流，逐渐学会微笑并伸出双臂拥抱（我们可以从中观察到头—脚和近端—远端的发育）。在 4 个月左右，婴儿开始玩手，手通常被他们当作第一个玩具。这发展了儿童的手部意识以及越过身体中线运动的能力，这是更复杂的协调运动（如拧紧按钮和进行许多日常生活活动）的重要基础。当家长和教师把玩具悬挂起来以鼓励婴儿伸手抓握时，他们也在促进婴儿发展空间意识和动作的灵活性。看着婴儿的动作逐渐从摇摆不定和“笨拙”变得准确和高效是令人开心的。这证明了儿童的进步离不开本身的自然成熟，以及与提供适当的养育方式并了解游戏价值的成人互动。

从婴儿学习坐立开始，他们的手臂可以支持他们自如地参与躲猫猫等游戏。除了享受乐趣之外，游戏教会婴儿轮流（语言发展的一个前兆）和“物体恒常性”，即婴儿逐渐意识到妈妈即使在手帕后面“消失”片刻，也仍然在那里。这是一个重要的发展里程碑。然而，如果婴儿对这样的早期游戏不感兴趣，甚至不高兴，那么他们就会停止游戏，这往往会让成人感到失望。婴儿是主导者，所以最好的办法是等一会儿再试。婴儿可能还没有准备好在这样的游戏中变得愉快。成人最好等待，理智地把握观察、评估和计划的机会。这不是无所事事的放任，而是深思熟虑的决定，它基于对婴儿相关能力的理解，以及对每个婴儿个性的分析。即使在头几个月，婴儿也能保持控制，这不是很有趣吗?

从根本上说，这就是早期课程以儿童为中心、以游戏为基础的原因。因为在游戏中，幼儿可以尝试成人可能从未想过的事情。他们可以发挥自己的创造力并参与解决问题，而不用担心无法实现某些预设目标。他们也可以自由漫步并尝试其他活动。他们向同龄人中有相似的发展水平的其他人学习，做他们可能想尝试的事情。他们用吸收性心智学习，从而在没有成人干预甚至破坏他们游戏的情况下扩展自己的思维。很多时候，教师需要勇气，退后一步观察。因为他们习惯于忙碌，所以觉得自己必须进行干预。

游戏的发展顺序与儿童在发展中表现出的成熟度相关（见表 4.1）。随着他们与此时此地的联系越来越少，他们开始想象可能发生的事件。在 3 岁时，他们开始形成记忆，这些记忆伴随着他们，作为其进一步决策和学习的基础。任何人都很难记住 3 岁之前发生的事情，不是吗？

表 4.1　不断变化的游戏模式

游戏类型	年龄	特征
感觉运动游戏：早期发现形状、质地、重量、味道、硬度及延展性	0—2 岁 独自游戏	探索和感知； 儿童发现物体的特性
象征性游戏：想象 / 假装的最初迹象	2—4 岁 平行游戏，即在不合作且互动最少的情况下，在另一个婴幼儿附近游戏	用一个物体代表另一个物体，例如：把溜溜球当作宠物狗；把衣架当作洋娃娃
简单的建构游戏：初步认识模式	3 岁 + 与朋友一起创造一些东西：很快就放弃了短暂的互动。幼儿开始同情有额外需求的同伴	建造塔楼（三块积木高）； 喜欢故事，尤其是重复的故事，如《红色小母鸡》（*Little Red Hen*）
假装游戏：在情景中扮演角色	4 岁 + 持续和朋友一起玩； 与小组成员互动	随着平衡和协调能力的提高，享受跟着歌曲做动作； 有更广泛的生活经验，能够扮演护士、消防员和航天员等角色

（续表）

游戏类型	年龄	特征
规则游戏：玩足球、象棋等。可以为游戏制定规则	6岁+ 开始识别领导者和追随者； 主要在同性群体中游戏	支持团队成员； 收集团队纪念品

资料来源：Macintyre and McVitty（2003）。

有时我们必须帮助家长拓宽他们对游戏的理解。在人生的最初阶段，当幼儿参与感觉运动游戏时，他们通过试验来发现环境中物体的特性。通过咀嚼，他们发现不同食物的味道、质地和延展性。他们正在思考和解决问题，经常做出让成人抓狂的事情，如掏空橱柜——这些经历帮助他们度过了游戏的发展阶段。幼儿经常“问”各种各样的问题，例如：我该怎么做呢？那个东西去哪儿了？如果我把这块饼干掉到桌子边上，会发生什么情况呢？会有人生气吗？如果妈妈离开房间，她会消失吗？我怎么才能跟着她？

感觉运动游戏

12个月左右，婴儿通过感觉和品尝以及研究物体的运动方式来发现物体的特性（即它们的硬度、柔软度、延展性、味道和气味）。高水平的感觉输入使这种游戏被称为感觉运动游戏。婴儿还学习将物体从一只手传递到另一只手，以培养手的控制和操纵技能。另外，当他们伸手去抓玩具时，他们正在理解距离和方向，即玩具离自己多远以及如何调整自己的位置才能拿到它。在这个阶段，放手是非常困难的，但是在游戏中，婴儿许多重要的运动技能正在得到锻炼。

建构游戏

操控物体可以促使2岁儿童尝试建构，如搭积木、将拼图的各个部分拼在一起、用黏土做东西。随着他们逐渐发展出钳形抓握、翻书页和穿珠子等精细运动技能，他们操控大、小物体的灵活性越来越高。但他们主要是如实识别物体，并按照物体既定的功能使用物体，而不是把它们想象成别的东西。有些幼儿需要被成人教导如何玩假装游戏，并在假装游戏中发展他们的生活技能，如“梳理你的头发，现在梳理洋娃娃的头发”是一个很好的开始方式。这是因为幼儿可以看到这些事情发生——它们指向具体的体验，不需要太多的想象力。

假装游戏

第一阶段

在2岁时，儿童的假装游戏进一步发展，但他们仍然会用勺子喂洋娃娃，假装给洋娃娃洗澡，或者在玩具卡车后座上搭积木。虽然游戏中有即兴的假装元素，因为儿童可能想象洋娃娃是脏的，或者积木是用来盖房子的，但这些物品仍然发挥着其公认的功能，并且游戏内容符合儿童的亲身经历。儿童仍然被自己对世界的看法束缚，并根据发生在他们身上的事情来分析经历。

第二阶段

2—3岁的儿童开始使用符号，这是他们想象力的重要发展。他们发现任何物体都可以被当作其他东西，如纸板箱可以被当作公共汽车。他们可以通过语言交流来确认想象中的物体是真实的。到3岁和4岁时，假装游戏是幼儿最常见的游戏类型。

第三阶段：社会性假扮游戏

在这个阶段，幼儿扩展了富有想象力的游戏和社交互动的可能性，因为他们会一起通过表演游戏来呈现一个场景。幼儿依赖彼此对医生、护士或公交车司机等角色的理解，因为这些想法推动了游戏的发展。

共同参与诸如此类的游戏，可以让幼儿了解不同的经历并发展他们的想象力。他们自己可能从未去过医院，但在另一个去过医院的幼儿的带领下，他们很快就会穿上医生的白大褂，自信地包扎绷带或使用听诊器。孩子们能够从他们的同龄人那里学到很多东西，因为他们的模仿通常接近自己的理解和技能水平，而成人的建议往往与他们的想法相去甚远。

这是“想象中的朋友”的阶段。它们可能是虚构的，但对于幼儿来说是真实的。幼儿会在餐桌边为这些朋友摆好位置，如果朋友“迷路”了，他们会感到难过。也许这是一种培养同理心和利他主义的方式——想象中的朋友一定会以可接受的方式回应你的建议吗？也许一个本能地知道你的意思且不提出要求的朋友比一个只发表意见并期望分享的朋友更令人欣慰？无论出于何种原因，想象中的朋友都是童年的正常组成部分，而不是意味着儿童感到不安或有特殊需要。这一阶段也会随着儿童友谊的发展而过去。

开发儿童想象力的资源

近年来，早期教育环境为幼儿提供了比以往任何时候都更丰富多彩的资源，但对我来说，其中许多资源都是在指挥游戏，而不是让幼儿自己想办法。幼儿会用锅和勺子假装在炉灶上烘烤，或者穿着芭蕾舞短裙跳舞——但他们似乎不再乘坐纸板箱飞向月球。

或许将一组物体放在一起，并不能激发幼儿开展一些新奇的游戏，也无法促使他们创造一个新的游戏，为之制订计划和准备材料。

游戏中的进步与语言和动作的发展有关

当然，随着肌肉力量的发展，幼儿能够做更多的事情，从而发展精细和粗大运动技能。他们需要先发展对软腭、嘴唇和舌头的控制，然后才能清楚地说出单词。一旦他们能够做到这一点，他们就能够在游戏情境中表达自己的意图和愿望。每个动作都需要一定程度的协调能力，这来自幼儿对肌肉的控制。表 4.2 试图将不同年龄段儿童发展的各个方面联系起来。然而，有些儿童会以不同的速度成长，有些儿童的发展比其他人更不均衡。

表 4.2 发展的各个方面

年龄	游戏	语言	动作
5 岁	可以发起或参与复杂的角色扮演游戏	可以理解没有图片的故事。 可以读简单的单词	会跑会跳，会骑自行车，会穿外套。 了解主要比赛的规则
4 岁	理解假装并对未知事物感到恐惧。 开发富有想象力的游戏，但并不总是能够解释“规则”	知道颜色和数字。 可以解释事件、希望和失望	能在大型器械上攀爬和荡秋千。 在户外有安全感，会游泳
3 岁	喜欢集体活动，如为某人的生日烤蛋糕。 了解轮流规则	使用复杂的句子。 理解定向词和简单的比较（如大小、长短的比较）	会骑三轮车；上楼梯时一步一个台阶。 在没有帮助的情况下，能够爬上、爬下小汽车或公交车

（续表）

年龄	游戏	语言	动作
2.5岁	培养利他主义（尤其是对家庭成员）。理解诸如“悲伤”“快乐”之类的词	使用代词和过去时。添加“ed”以表示过去的事情	上楼梯时两步一个台阶。 可以走一段距离
2岁	开始和朋友一起玩一小段时间	使用否定词。表达“不”。 可以说出含有两个单词的句子，但理解能力远远领先于言语	有时仍然喜欢被人抱，可以很好地行走，但很难跳跃
18个月	感觉运动游戏：儿童探索物体的特性	能说出10个名词。 能够通过指向某物来表达自己的需求	可以爬和走，但不能跑或跳。四肢强壮，但可能无法保持平衡

当儿童做（或决定不做）不同的游戏时，成人会观察和比较他们的进步，并做出是否干预（如果不确定就束手旁观）以及该做什么的艰难决定。如何在完全由儿童主导的游戏和成人发起的教学之间取得平衡，始终是一个棘手的问题。因为有些事情需要儿童学习做和说，还有一些技能（如学习识别颜色、使用握笔器握住画笔或铅笔、知道使用哪只手/脚）可以由成人在适当的时候进行教学。

当我拍摄下面的这张照片（参见图4.1）时，利娅正值4岁零3个月。她快要去上学了，由于教师担心她还没有找到自己的惯用手（她不确定该用哪只手），因此，他们设计了一个游戏来帮助她。她被要求从角落里爬过来，拿起一个沙包扔进桶里。尝试几次后，她被问道：“哪只手得分最多？”得分最多的恰好是她的右手，她被鼓励多试几次，并计算得分。后来，利娅在拿画笔之前犹豫不决时，教师向她示意用右手，她微笑着照做。渐渐地，教师之前的顾虑消失了。

图 4.1 利娅正在找出哪只手得分最高，从而建立一种手部支配感。她下垂的手腕和伸出的舌头表明她在努力。也许正是这种力量不足，解释了她为什么迟迟没有成功

在图 4.1 中，利娅明显缺乏力量。她用很大的力气扔沙包（看看她的舌头是如何用力伸出来的），因此，教师制订了一个综合的强化计划。

关键的一步是认识到幼儿“准备就绪”和“兴趣”的重要性，而且教师在许多情况下要退后一步等待，相信幼儿会发展出必要的能力来取得进步。对于心中有目的和目标的教师来说，这是很困难的；对于可能没有意识到不适当的输入导致孩子死记硬背甚至完全放弃学习的父母来说，这也是很困难的。但是，如果等待时间结束，幼儿的发展仍然不符合发展里程碑，成人就需要进行更正式的干预。幸运的是，幼儿在游戏

中能够有所进步。

因此，在游戏中，幼儿可以像下面这样做。

- 选择他们想做什么以及在哪里做。
- 他们可以持续做一段时间，然后放弃自己选择做的事情，而不用担心失败或被责备。他们可以尝试做别的事情。
- 以确保安全的方式练习日常生活技能。
- 假装成别人，并培养对不同角色的理解力。
- 编写故事情节，直到达到自己满意的程度。
- 根据自己的意愿，单独或与朋友组队进行游戏。

在游戏中，幼儿没有完成任何事情的时间压力，也没有必须要完成的作品，美妙的事情会自然出现（见图 4.2）。

幼儿也向其他同龄人学习，因为他们可能拥有相似的发展水平，因此这些技能都在他们的掌握范围内。

【注意】当幼儿游戏时，教师的观察可以自然而然地发生，因此，教师有关干预的决定必须是有效的，不受压力和紧张的影响而导致记录有偏见。

游戏总是有趣的吗？

游戏总是有趣的吗？当然不是。一些幼儿对自由游戏感到不知所措。他们更喜欢被告知该做什么。这可能是因为他们缺乏自信，或者只是因为他们没有机会做出选择和独立。教师能做什么？教师可以提供两种选择，让幼儿选择其中一种，这是一个合理的开始，然后教师可以逐渐只提供一项活动并问“你还有什么想做的吗？”，引导孩子做出自己

■ **图 4.2**　萨姆对自己作品的喜爱，表明他具备制作这件作品的智力（想象力、创造力、解决问题的能力）和身体技能。萨姆在没有人告诉他停下来做其他事情，甚至没有人建议他如何做得更好的情况下，自主选择了材料并制作了龙。作品的所有权属于他。这与被告知“今天每个人都将制作一条龙，而且要使用相同长度的卡纸”截然不同，互动的质量也非常不同

的选择。此外，最好的办法是教师做出解释——“这一切都是为了尝试并在尝试中获得乐趣”。许多幼儿需要得到教师的保证——即使他们犯错并把事情弄糟也没关系，因为这就是他们学习的途径。

有些幼儿不愿意到户外玩。他们可能害怕受伤或害怕自己不知道如何加入游戏。一个比较好的办法是教师设置一个安全的“观看座位”，幼儿可以待在那里，直到自己有信心加入游戏。他们可以先查看自行车和手推车，然后决定何时使用它们。他们也可以画出“大轮子”或他们看到的其他东西。在我看来，这比在室内为他们提供替代活动更好，但是否这样做当然取决于幼儿和导致其恐惧的原因。

早期环境中的活动

许多早期教育机构将自己的教室设计成可供幼儿开展一系列活动的区域或区角。有些区域是供幼儿自由选择的，有些区域（如故事角）可以让幼儿聚集在一起进行小组活动。教师可以改变活动以确保幼儿有一系列的经历，并且将特定的经历视作一种微妙的干预，旨在支持将从特殊实践中受益的幼儿。例如，在烘焙活动中，幼儿必须学习规则，如洗手、穿上围裙、用勺子量取配料。这有助于幼儿解决关于组织和排序的问题，即知道先发生什么再发生什么。如果幼儿的手部力量不足，那么教师很可能会让他们先混合人造黄油，因为混合黄油需要他们的手指用力。

在图 4.3 中，马丁按照食谱操作。他的食谱由带有简单说明的塑封图片组成，一些幼儿想“阅读”这些说明。他觉得现在可以使用加热器融化他的巧克力，而且他想要在点心时间分享自己制作的蛋糕。因此，他正在学习对自己的事情负责并享受分享的过程。马丁的学习跨越了各个方面的发展，他的自信心和自尊心得到了加强。

- 他学会了按照顺序行事。他设想先发生的事情和接下来发生的事情。
- 他明白书面说明 / 图片可以指导他，而无须求助于教师。
- 他已经“阅读”说明，准备好配料并将它们放好了。这锻炼了他的组织能力。
- 他正在小心操作加热器等设备。这培养了他的独立性（教师在附近看护）。
- 他发现不同配料的特性 / 质地。例如，蜂蜜的黏性和某些液体的稠度在加热融化时不断变化。

- 当他想分享自己制作的蛋糕时，他就是在发展利他主义。
- 他对完成一项任务有满足感：在蛋糕快烤好时耐心等待（延迟满足），并期望自己完成某件事后会获得称赞。

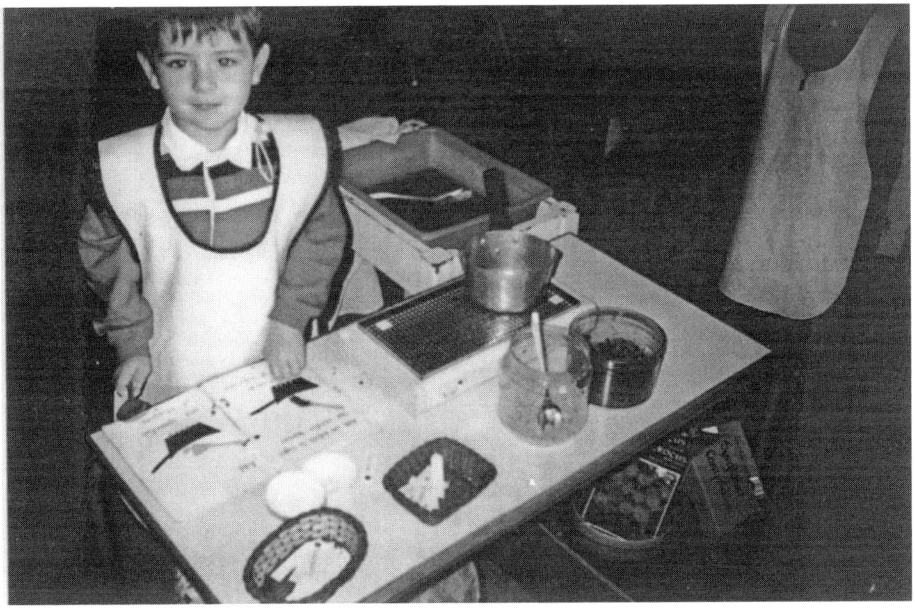

图 4.3　马丁在烘焙

萨姆和马丁都参与了适合 4 岁儿童的活动并获得了一些“成果”。许多幼儿更喜欢打扮或玩积木，虽然他们可能什么都没有“生产”出来，但这些活动也是有效的游戏活动——只是很难通过图片来展示幼儿的游戏成果！

有天赋和有才能的幼儿可以在游戏课程中拓展自己的学习（见表 4.3）。

关于天赋和才能之间的区别以及儿童所需要掌握的能力，一直存在很多争论。爱丁堡天才学生框架将天才的标准界定为“拥有未经训练和

表 4.3 早期游戏活动能够促进不同领域的发展

娃娃家	美术区	大型建构区	沙水区	表演区
社会性				
• 一起计划做一顿饭 • 分享想法 • 等待被照顾	• 讨论关于拼贴画的想法 • 共享资源	• 共同建构 • 分享想法和计划	• 设计道路建设方案，或者使用管道来建造人工水景	• 创编舞蹈 • 演奏打击乐器
智力				
• 一一对应 • 颜色配对 • 语言发展	• 学习混合颜色 • 使用不同质地的材料	• 按积木的大小和重量来搭建 • 区分积木的重量和尺寸——“用哪块积木合适？”	• 理解浮沉 • 扩展词汇 • 了解湿沙和干沙的特性 • 测量和计数	• 研究不同的声音，以及它们适合什么样的动作
情感				
• 角色扮演——扮演爸爸、妈妈，照顾宝宝	• 欣赏图案和形状	• 处理积木倒塌时的挫败感 • 以搭建完建筑为荣	• 欣赏不同元素的融合，如建造堡垒和护城河	• 欣赏声音和动作 • 享受活动
道德				
• 顺从他人的意愿 • 判断什么是对的，什么是错的	• 为某人制作礼物时有满足感；完成一项工作时有满足感	• 搭建较重的积木时互相帮助 • 共享空间	• 看到其他同伴的才能 • 考虑同伴的想法	• 识别偏好 • 遵从想法 • 对乐器发出的声音敏感
动作（运动）				
• 拿取碗碟 • 拨打电话	• 使用刷子时锻炼精细运动技能 • 准确穿线 • 手眼协调	• 自如地举起或放下积木 • 在放置积木时锻炼力量和发展游戏“技巧”	• 两只手可以越过身体中线活动 • 挖沙、塑沙、固沙 • 抬高水管 • 控制水的倾倒	• 让声音和动作保持和谐 • 确保身体的平衡和控制 • 发展身体和空间意识

自发表现出的天赋能力，至少在一个能力领域中达到其年龄组中排名的前 15%”。关键词是“未经训练”和“自发表现”。美国教育心理学家加涅（Gagne，2001）将领导力和创造性思维——解决问题的不寻常方法——视为能力。

这些能力不同于数学能力和语言能力。在文献中，这些能力以及体育 / 运动和音乐能力被称为才能，而不是天赋，因为它们是由于严格的教学和培训而出现的。当然，有才能的学生在这些领域的表现远超常人，但加涅认为这归功于热情、动力、投入和严格的指导，而不是天赋。相关文献还解释说，“优质的早期教育”的规定，可能挑战有天赋和有才能的年轻人，也可能令他们感到满意。这是因为幼儿有做出选择的自由，也有时间专注于创造性的工作，他们不受时间表的限制（见图 4.4）。他们还有教师的支持，教师能够回答问题或指导他们获取进一步

图 4.4　在看了一些与设计相关的图书后，安娜和索菲分享她们的想法，并合作制作墙纸图案来装饰房子的角落

研究的资源。他们可能会寻找资源和制作人工制品，或者编一个故事并讲给其他幼儿听。他们可以准备去剧院或消防站时要问的问题。这些活动在概念上不同于儿童在小学阶段的学习，尽管有些家长希望学前教育“小学化”。

教师解释说，数学学习在环境中无处不在。当幼儿用苹果或小玩具填满鸡蛋盒时，他们就是在强化关于数字的学习。估计多少颗珠子可以装满一个小罐子，有助于幼儿理解估算和容量，而将它们排列在一起并制作成项链，需要幼儿对对称性有基本的了解。虹吸游戏对于一些幼儿来说可能只是一个麻烦的游戏，但它能够让幼儿真正了解科学。“什么会让水快速流动或干涸？”是一个好问题，这可能会激发幼儿探究水是如何供应到幼儿园或他们家的。面对诸如“水从哪里来？”之类的问题，幼儿可能会给出令人惊讶的答案。一名幼儿确信水是从爸爸拿的软管里出来的！幼儿的数学语言也在发展，例如“谁能倒更多的水？”“谁能把针穿过珠子？”“谁能让球停在圆圈内？”“谁能做一条又长又细的橡皮泥蛇？谁能做一条又短又粗的橡皮泥蛇？让我们举起它们，看看二者的差异”等，能够培养幼儿的数学理解力。这些都属于情境学习，不是幼儿基于机械化重复而完全没有理解的死记硬背的学习！

年龄较小的幼儿通常会因自己能够数到 10 而感到高兴。但是当被要求“给我两支铅笔”时，他们可能大脑一片空白。他们还不理解这些数字的真正含义。幼儿更擅长在餐桌上学习数字。他们知道自己可以吃两块饼干——数字与食物和情境有关。

当幼儿感兴趣时，他们可以长时间地集中注意力。伊恩知道要观察而不是触摸蜗牛，要想保护蜗牛不从桌子边缘掉下去，他需要非常温柔（见图 4.5）。他问道：“其他动物也会这样移动吗？其他动物有壳吗？”他想知道一只大蜗牛是如何缩进一个小壳里的，教师给他找了一本儿童自然历史书！

图 4.5 伊恩正在探索蜗牛的运动方式，稍后他将找一本关于小动物的书

一名幼儿看着伊恩，大喊道："我想要一只蜗牛。我还喜欢虫子！"他曾观察过蠕虫和蚂蚁，那么虫子（小动物）居住的地方应该叫什么？

游戏可以支持有特殊需要的儿童

下面这首诗歌可以化解成人的某些忧虑。

当我每天上学时，
我知道有时间玩，

有很多玩具，有女孩和男孩。
我今天要做些什么呢？
如果没有太多噪声，
我想和大红色卡车一起玩，
但是通常，
它会被大男孩包围。
我不能忍受诸如玩黏土之类的脏乱游戏，
也不想去角色扮演区。
穿奇怪的衣服意味着什么？
我希望我能够理解！
积木是好玩的，我会把它们排成一列，
红色，然后是白色，然后是蓝色。
我喜欢它们构造的模式，
这是我做得最好的事情。
我真的很喜欢玩水，
我让东西下沉并漂浮起来。
在沙滩上，我建造了一个城堡，
它被护城河包围。
有很多事情要做，
我们可以选择，
因此，我们赢了，
我们永远都不会失败！

——麦金泰尔

游戏对所有幼儿都有好处，尤其是对那些需要更长的学习时间和反复指导的幼儿，以及不能自主或缺乏计划和组织能力的幼儿。尽管有困难的幼儿（见表 4.4）感到许多能力甚至所有能力都要求很高，但他们必须获得这些能力。游戏允许练习，幼儿可以经常重复练习，免于必须完成某事和必须把它做对的压力！

表 4.4　儿童在不同方面的困难表现

智力困难	运动困难
• 不知道该做什么 • 无法遵守某人游戏中不成文的规则，因此无法提出适当的想法来推动游戏向前发展 • 记性不好，忘了昨天的玩法 • 想法太多但无法规划或组织游戏资源和想法 • 不理解 / 无法应对日常生活中的变化	• 在踏脚石或自行车上无法保持平衡 • 行动笨拙或撞到别人 • 过于活跃和失控 • 动作不协调，尤其是在做越过身体中线的动作时，因此会弄洒水、弄乱拼图 • 无法抓取 / 放下物品 • 无法投球或接球 • 很难摆出特定的动作，避免运动练习
社交困难	**情感困难**
• 无法有效沟通 • 口齿不清，互动困难 • 太胆小而不敢加入游戏 • 不愿意分享或等待轮流 • 抢夺而不是发出请求 • 宁愿长时间独处 • 只想要别人拥有的东西	• 无法理解假装 • 缺乏开发游戏的想象力 • 注意力不集中，缺乏专注力或耐力 • 无法理解他人的想法或感受，因此反应不当 • 完全没有反应 • 完全沉浸在自己的孤独游戏中 • 受挫时攻击性强 • 同理心和利他心差，无法理解其他幼儿的观点

患有唐氏综合征的幼儿在早期阶段就具备社交能力，他们经常乐于与照顾他们的同龄人进行互动。事实上，同龄人可以为他们做很多事情，他们通常微笑着接受！除了鼓励独立，教师还必须确保患有唐氏综合征的儿童能够听到声音，因为他们狭窄的耳道可能会被黏液堵塞。如果不加以治疗（通常通过安装索环），幼儿的言语可能会受到影响。如

果他们听不清楚，他们如何“重现”声音？对于这些幼儿来说，通过手势交流通常更容易，但教师仍需要温和地鼓励他们说话。随着他们逐渐成熟，他们的舌头和软腭的肌肉会获得力量，这有助于他们的发音更清晰。

【注意】患有唐氏综合征的儿童即使在厚垫子上也不应该做前滚翻动作，因为他们的颈椎可能有问题。他们的脖子不应该承受压力。除此之外，他们可以愉快地参加其他所有活动，而且他们常常会兴致勃勃。

自闭症儿童需要严格的作息时间安排，因为他们难以预测事件的发生，也无法读懂他人的非语言表达。他们一个人时玩得最开心，因为他们无法解释游戏规则，也无法理解如何与另一名幼儿一起玩。他们可能会选择一个自己最喜欢的玩具，然后把玩。他们可能会选择一辆红色卡车并转动车轮，但我们仔细观察会发现，这个动作并不是“真正的”游戏——没有角色扮演、象征意义（如假装一个东西是另一个东西——把溜溜球当作狗）或故事情节的发展（如用玩具卡车帮助运沙建坝）。他们不太可能使用代词“我”，这阻碍了他们与其他人进行清晰的沟通。当然，成人的观察结果取决于幼儿病情的严重程度。

患有多动症的儿童如果真的对自己正在做的事情感兴趣，就能够做到专注。因此，教师可以为幼儿提供可选择的游戏元素。允许幼儿自由外出和“发泄情绪”也很有用，可以让冲动的幼儿平静下来；还有其他各种各样的活动可以满足幼儿短期的兴趣。一些幼儿在听故事时更难以保持安静和冷静，因此如果教师尝试讲述短小的故事并尽可能根据幼儿的兴趣来选择故事内容，就会很有帮助。

一些被诊断患有阅读障碍的幼儿可能平衡能力差，并且难以用鼓敲打出节奏。许多幼儿的辨别力很差，即使他们不是聋人，也很难区分不同的声音，他们的听力应该接受检查。教师可以让幼儿辨别简单的押韵词，然后挑出不押韵的词，这样他们就能够知道幼儿是否存在困难。

患有早期运动障碍的儿童可能会笨拙且无条理。他们对所有事情都反应迟钝，并且难以组织资源。他们的记忆力可能较差，例如忘了谁来接他们，也忘了自己昨天做了什么。对他们来说，比较好的早期环境是没有时间压力的，而且教师能够帮助检查他们是否在放学前整理好自己的所有物品。[有关特殊需要儿童的更多信息，请阅读麦金泰尔的相关著作（Macintyre，2014）——这本书的姊妹篇。]

在本章结尾，这七张图（见图 4.6—图 4.12）展示了儿童在七个方面的学习潜力，读者可以复印这些图并将其作为观察和评估儿童的工具。

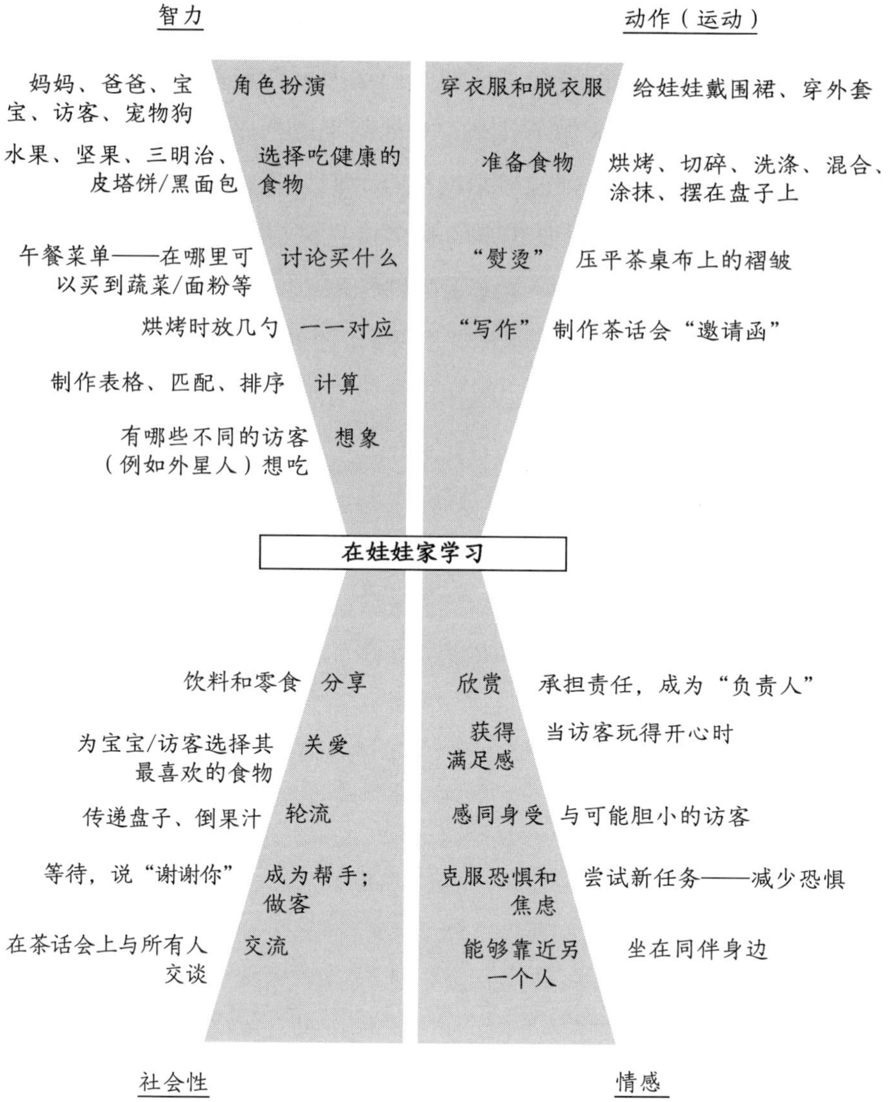

图 4.6 在娃娃家学习

©2015 Christine Macintyre, *Understanding Children's Development in the Early Years*, Second edition, Routledge.

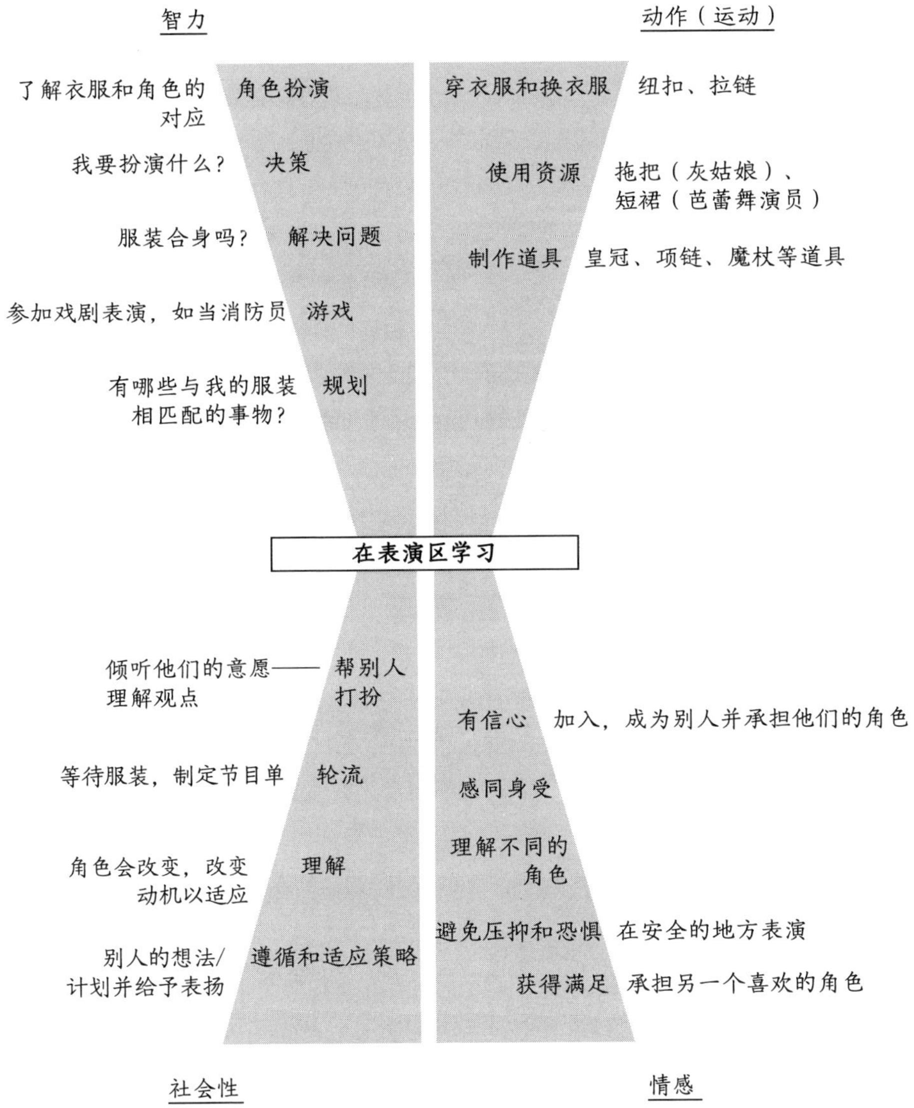
智力
动作（运动）
了解衣服和角色的对应
角色扮演
穿衣服和换衣服
纽扣、拉链
我要扮演什么？
决策
使用资源
拖把（灰姑娘）、短裙（芭蕾舞演员）
服装合身吗？
解决问题
制作道具
皇冠、项链、魔杖等道具
参加戏剧表演，如当消防员
游戏
有哪些与我的服装相匹配的事物？
规划
在表演区学习
倾听他们的意愿——理解观点
帮别人打扮
有信心
加入，成为别人并承担他们的角色
等待服装，制定节目单
轮流
感同身受
角色会改变，改变动机以适应
理解
理解不同的角色
避免压抑和恐惧
在安全的地方表演
别人的想法/计划并给予表扬
遵循和适应策略
获得满足
承担另一个喜欢的角色
社会性
情感

图 4.7　在表演区学习

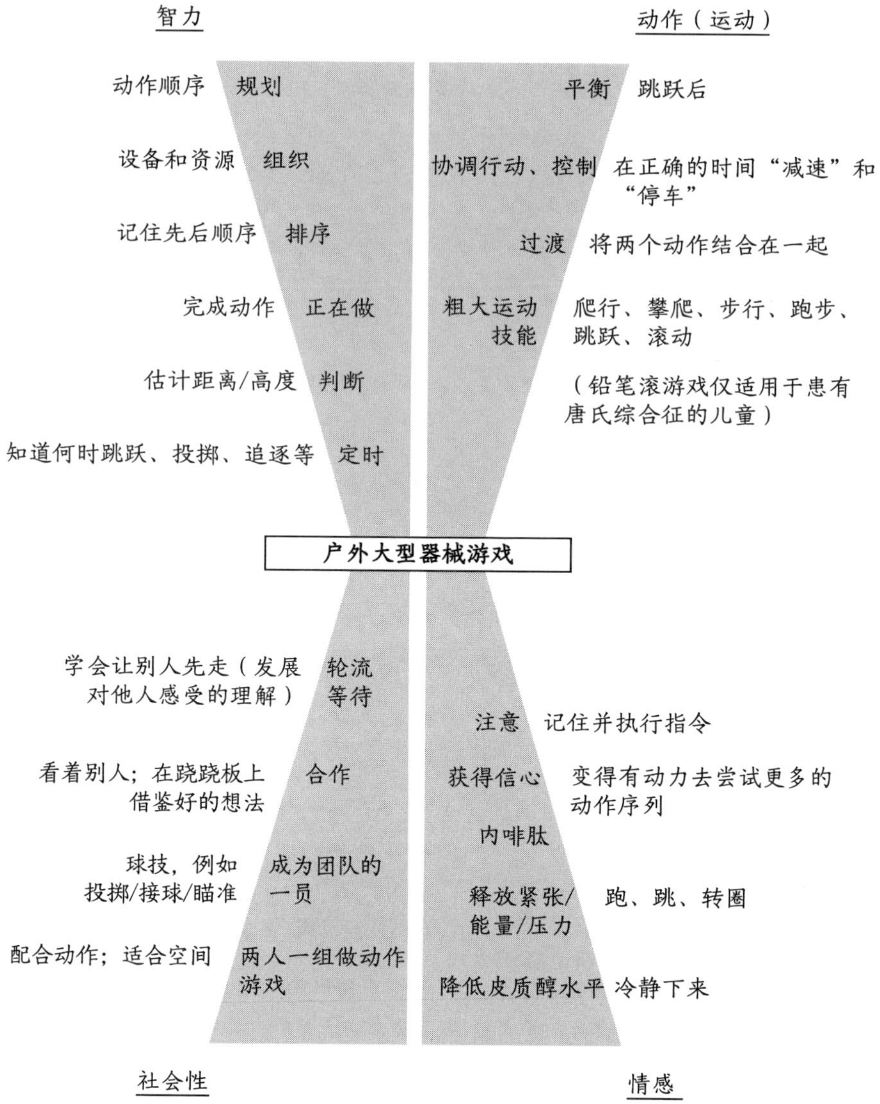

图4.8 户外大型器械游戏

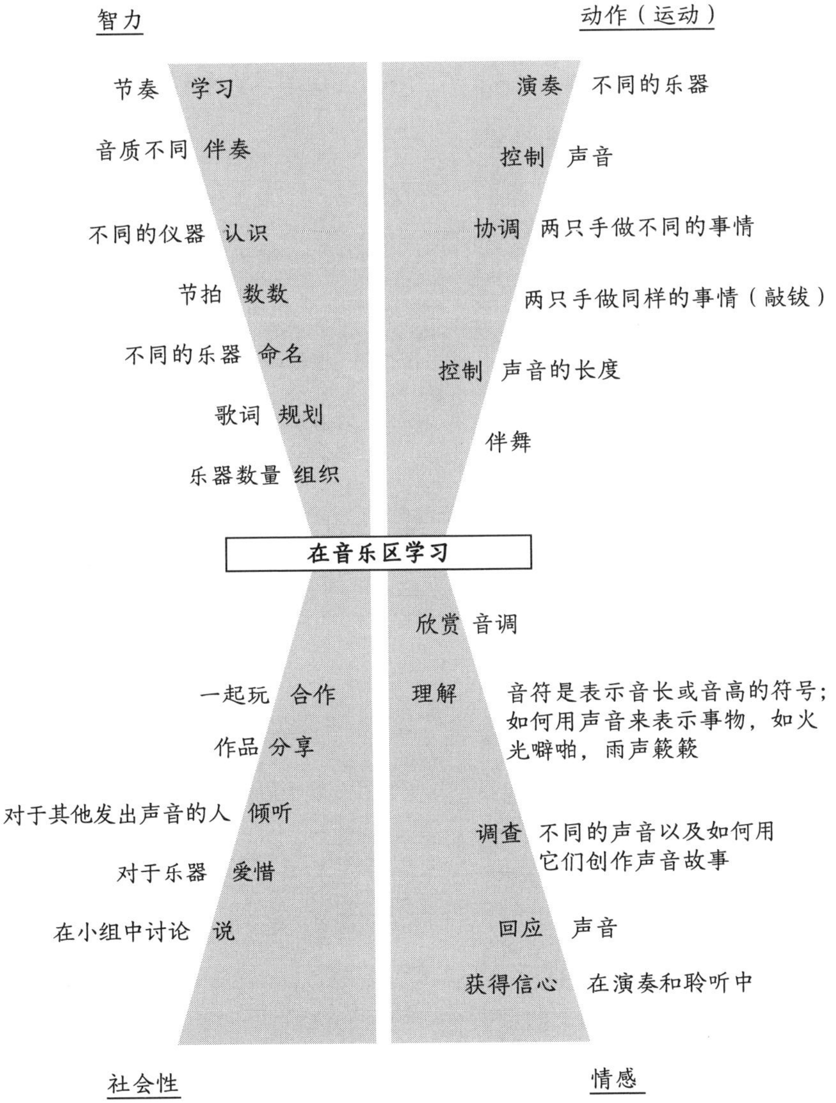

图4.9 在音乐区学习

©2015 Christine Macintyre, *Understanding Children's Development in the Early Years*, Second edition, Routledge.

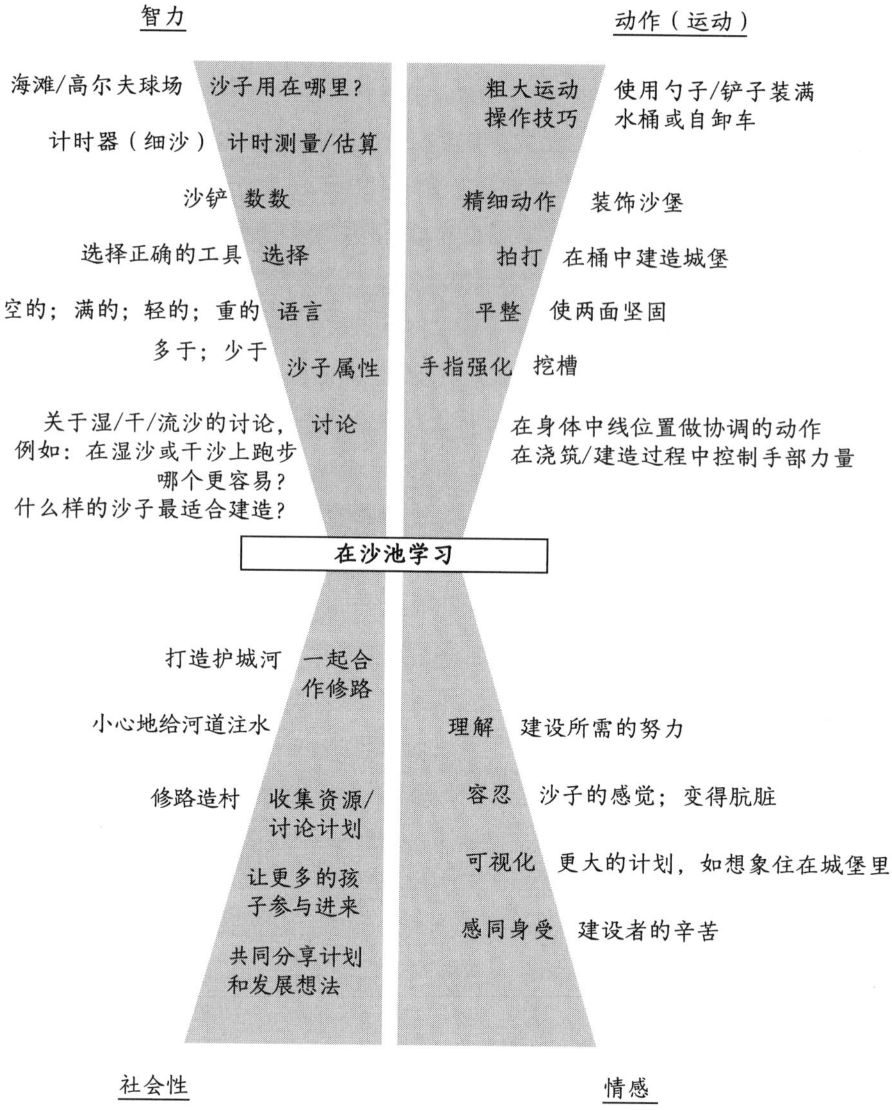
智力
动作（运动）
海滩/高尔夫球场 沙子用在哪里?
粗大运动操作技巧 使用勺子/铲子装满水桶或自卸车
计时器（细沙） 计时测量/估算
沙铲 数数
精细动作 装饰沙堡
选择正确的工具 选择
拍打 在桶中建造城堡
空的；满的；轻的；重的 语言
平整 使两面坚固
多于；少于 沙子属性
手指强化 挖槽
关于湿/干/流沙的讨论，例如：在湿沙或干沙上跑步哪个更容易？什么样的沙子最适合建造？ 讨论
在身体中线位置做协调的动作
在浇筑/建造过程中控制手部力量
在沙池学习
打造护城河 一起合作修路
小心地给河道注水
理解 建设所需的努力
修路造村 收集资源/讨论计划
容忍 沙子的感觉；变得肮脏
可视化 更大的计划，如想象住在城堡里
让更多的孩子参与进来
感同身受 建设者的辛苦
共同分享计划和发展想法
社会性
情感

图 4.10 在沙池学习

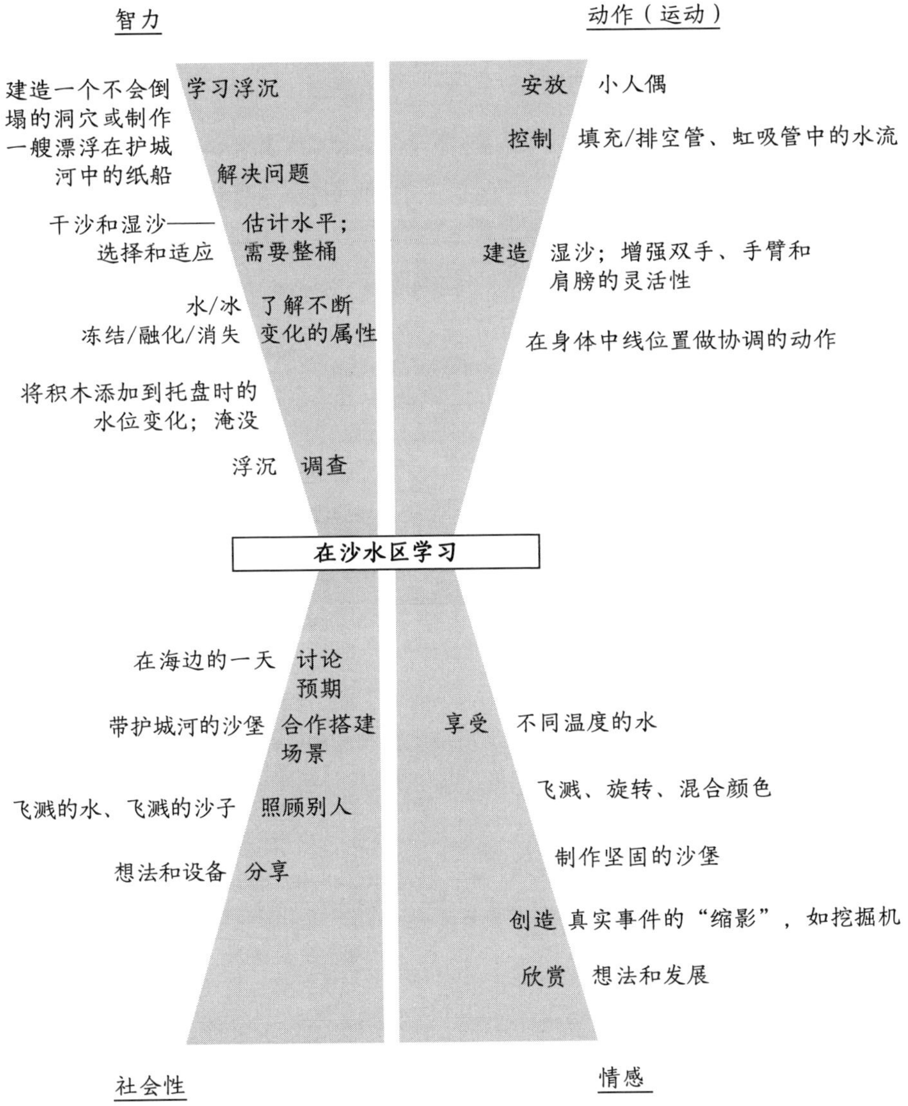
智力
动作（运动）
建造一个不会倒塌的洞穴或制作一艘漂浮在护城河中的纸船
学习浮沉
解决问题
安放　小人偶
控制　填充/排空管、虹吸管中的水流
干沙和湿沙——选择和适应
估计水平；需要整桶
建造　湿沙；增强双手、手臂和肩膀的灵活性
水/冰　冻结/融化/消失
了解不断变化的属性
在身体中线位置做协调的动作
将积木添加到托盘时的水位变化；淹没
浮沉　调查
在沙水区学习
在海边的一天　讨论　预期
带护城河的沙堡　合作搭建场景
享受　不同温度的水
飞溅、旋转、混合颜色
飞溅的水、飞溅的沙子　照顾别人
制作坚固的沙堡
想法和设备　分享
创造　真实事件的“缩影”，如挖掘机
欣赏　想法和发展
社会性
情感

图 4.11　在沙水区学习

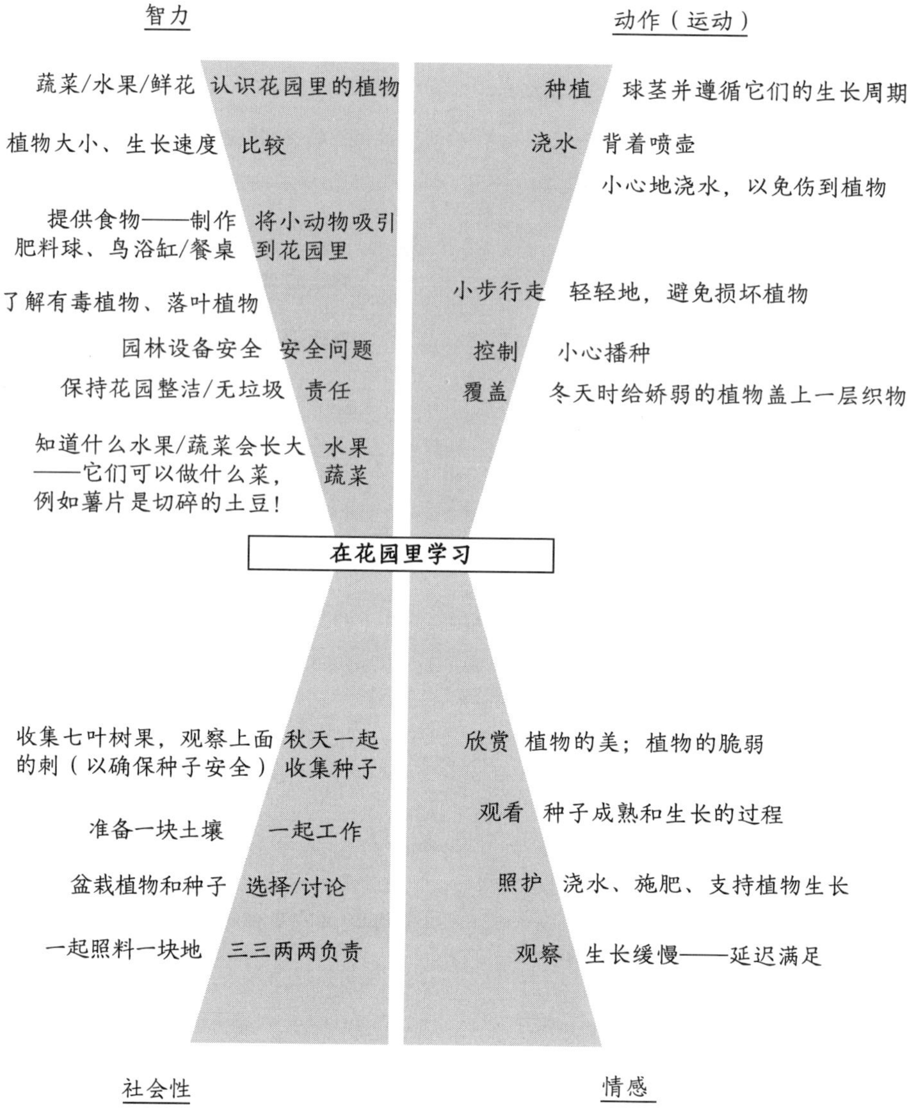
智力
动作（运动）
蔬菜/水果/鲜花 认识花园里的植物
种植 球茎并遵循它们的生长周期
植物大小、生长速度 比较
浇水 背着喷壶
小心地浇水，以免伤到植物
提供食物——制作 将小动物吸引
肥料球、鸟浴缸/餐桌 到花园里
了解有毒植物、落叶植物
小步行走 轻轻地，避免损坏植物
园林设备安全 安全问题
控制 小心播种
保持花园整洁/无垃圾 责任
覆盖 冬天时给娇弱的植物盖上一层织物
知道什么水果/蔬菜会长大 水果
——它们可以做什么菜， 蔬菜
例如薯片是切碎的土豆！
在花园里学习
收集七叶树果，观察上面 秋天一起
的刺（以确保种子安全） 收集种子
欣赏 植物的美；植物的脆弱
准备一块土壤 一起工作
观看 种子成熟和生长的过程
盆栽植物和种子 选择/讨论
照护 浇水、施肥、支持植物生长
一起照料一块地 三三两两负责
观察 生长缓慢——延迟满足
社会性
情感

图 4.12 在花园里学习

第五章

理解运动发展

运动是我们首先要讨论的方面，因为“运动是幼儿的第一语言”（Piaget，1954）。很多能力，如清楚地表达和写作，都取决于运动技能。从一开始，婴幼儿就能够发出信号让成人将其抱起来，当他们学会爬行、走路、奔跑并达到自己的运动里程碑时，他们也会得到表扬，这些都能够提高他们的自尊。运动能力差也可能是儿童发育不正常的一个迹象。因此，事实证明，早期的干预是改善幼儿能力的最佳机会。

本章是围绕幼儿教师经常提出的问题来阐述的。

问：为什么儿童能够在不同的环境中动起来很重要？

许多年龄较小的幼儿喜欢跑跳、荡秋千和攀爬，而且他们乐此不疲，轻松自如。他们沿着人行道跳跃，蹦跳着横穿马路。许多成人积极追求并享受高水平的运动训练。通过这样做，他们既保持了健康，又获得了充满热情的生活。然而，近年来，随着计算机游戏和安全问题的出现，人们普遍担心孩子们变得不健康和超重。这种生活方式的普遍改变可能不利于儿童进行有助于保持健康的活动。如果父母双方都在外工作，那么他们更会给孩子提供预制食品（其中盐和脂肪的含量通常较高）。因此，越来越多的儿童变得肥胖，而这反过来会对他们的健康、自尊和积极主动的意愿产生负面影响。关于该趋势的一些头条新闻可能令人担忧。例如："患糖尿病的儿童增加了10倍，而这只是冰山一角。"（2006年2月28日电讯报，根据卫生部门报告）这篇文章还表明："与体重相关的代谢综合征，如高血压、血液中的胆固醇和脂肪含量过高，正在影响6万名儿童。"

问：为什么会这样？

出于安全考虑，许多幼儿被限制在室内而不许"出去玩"。这意味着他们没有习得一套运动技能，而且这种早期练习的缺乏阻碍了他们发展生活技能。

幼儿想要高效地完成日常生活任务，离不开身体的平衡、协调和控制。表述清晰、拉上衣服的拉链、分发点心、持笔写画、裁剪涂色，都只是众多动作技能中的一小部分，因此，不难看出动作技能不佳会影响幼儿各方面的发展。

值得庆幸的是，现在大家都鼓励幼儿步行上学、到户外玩耍、玩传统游戏（如跳房子）。一些超市以前会向学校捐赠计算机，而现在它们选择为活动俱乐部分发礼券。对于许多体育设施较少、没有时间或资金为儿童提供活动的俱乐部，或者有令教师担心的困难的儿童，学校正在制订补偿性运动计划。

问：这会弥补已经造成的损害吗？

新的行动举措令人欣喜，但最重要的是为所有幼儿提供机会，让他们享受运动的乐趣，并激励他们继续运动，因为这会增加他们的骨密度、促进心血管健康和刺激内啡肽的分泌。内啡肽有助于幼儿保持自信和微笑，并感觉良好。

运动是我们做的每件事情的一部分——从早上睁开眼睛，到清楚地表达和调整我们说话的语调、音调，再到进行日常生活和学习的所有活动。如果有人对此表示怀疑，那就尝试列出不涉及运动的活动。

跑步、踢球、爬山或骑自行车是幼儿想开展的活动，而且非常重要的是，他们想和自己的朋友一起开展这些活动。如果他们完不成上述活动，那么他们的朋友会注意到。不幸的是，这可能会导致他们被取笑。“做不到”的幼儿会被排除在注重能力的活动之外，他们不会被选中参加游戏。成为团体中的一员也有助于幼儿变得独立。由于他们的动作不佳而被判定为不合格，这会对他们的自尊心造成重大伤害，并可能阻止他们努力提高自己的能力。

问：家长似乎没有意识到运动的重要性?

很多家长没有意识到运动对儿童的重要性，但是当他们意识到良好的平衡感有助于儿童写字，音乐活动所需的精细运动技能也有助于儿童数学技能的发展（因为用于演奏乐器的每个指尖都与大脑皮质中负责数学的区域相连）时，运动就占据了相应的位置，成为儿童学习的关键。

问：有多少儿童难以正常运动?

令人惊讶的是，有 6%~10% 的儿童发现运动非常困难，以至于其生活和学习的各个方面都受到影响（Dyspraxia Foundation，2001）。男孩出现在这份名单上的比例远远超过女孩，男女比例为 4∶1 或 5∶1。

问：幼儿教师可以做些什么来帮助有问题的幼儿?

找出问题真正的原因至关重要。可能是幼儿无法自己做运动，可能是幼儿神经系统的问题（如髓鞘形成不良）影响了平衡、协调和控制能力，也可能是计划和组织（行动之前的心理准备）影响了结果（见图 5.1 和图 5.2）。

图 5.1—图 5.2 平衡、协调和控制能力对儿童在此类活动中获得成功至关重要

因此，教师必须：

- 仔细观察，以便记录问题；
- 根据从观察中收集到的证据，理解幼儿为什么会遇到这些困难；
- 制订有助于儿童发展的运动计划，并帮助他们每天规律地练习。

运动活动的观察 / 教学要点

问：幼儿需要培养哪些技能？

培养身体和空间意识、平衡能力、协调和控制能力的活动，应该成为幼儿日常练习的一部分，因为它们是幼儿发展精细运动和粗大运动技能以及日常操作技巧的必要条件。表 5.1 中有一些例子。

表 5.1　精细运动和粗大运动技能以及日常操作技巧

精细运动（使用小肌肉群）	**粗大运动（使用大肌肉群）**	**日常操作技巧（使用两个肌肉群）**
扣纽扣 / 系鞋带	爬行、步行、跑步、跳跃、转弯，即所有的基本运动模式	清洁牙齿、如厕；写字、画画、穿线、分发点心、捡东西、扔垃圾
发音清晰；使用手势传达意思	爬过隧道	开门；打包 / 装饭盒；管理设备
使用钳形夹具拾取物体	投掷、接球 / 踢球	整理；操控鼠标 / 键盘；发短信等
放下物体	爬楼梯	吃饭；使用刀叉
搅拌、浇水、混合	单脚跳	裹紧夹克
写字和绘画	跳绳	上公共汽车
拼拼图；玩乐高	玩积木	骑自行车

问：这些关于运动的观点比我们最初想象的更广泛。我们只是考虑诸如儿童爬上攀爬架或在垫子上滚动之类的活动。也许根据我们所处环境中对儿童特别重要的动作进行列表是个好主意？我们可以将其作为观察的焦点。但是我们如何记录和改进呢？

你可以用 0（做不到）、1（还行）、2（非常熟练）等数字符号来记录儿童的能力（见表 5.2），然后每两周左右复查进度，看看儿童是否有进步。这就是在记录观察结果时写明日期的重要原因。重要的是，对于教师能够轻松教育的幼儿，记录要非常简单，但对于行动不便的幼儿，教师要记录准确的细节。尝试锻炼有能力的幼儿也很重要，也许教师可以让他们解释自己打算做什么。他们需要掌握一些描述动作的语言，例如，“我要在绳子下面穿过铁环，站在树的对面”。因此，运动也有助于儿童学习数学！要记住，你不可能每天都观察每名幼儿。列一个详细的清单，这样你就可以在每周或每两周的时间段内观察完所有的幼儿。

表 5.2 基本运动模式的观察记录

爬行 （2013 年 4 月 16 日）	**站着 / 坐着** （2013 年 4 月 18 日）	**跑步和跳跃** （2013 年 4 月 22 日）
罗恩（2 岁 6 个月）		
0—无法依靠四肢保持平衡；可能是手臂力量不足——测试手的握力、肩膀的稳定性	1—有所改善但需要时间集中注意力	
查琳（3 岁 4 个月）		
2	2	1—突然冲刺，对脚的位置缺乏感觉——能够识别脚步声
马丁（4 岁 6 个月）		
2	2—等不及了	2—现在问他需要怎么做才能跳得更高

（续表）

爬行 （2013 年 4 月 16 日）	站着 / 坐着 （2013 年 4 月 18 日）	跑步和跳跃 （2013 年 4 月 22 日）
吉莉（5 岁 6 个月）		
1—喜欢在自己的前面推拉物体	2—似乎牢牢地固定在原地。她双脚不动，身体按照倒圆锥体的轨迹扭转——想要发展腹部和背部力量	0—无法应付身体协调的要求——自己练习跳跃

当然，儿童在这些运动领域的发展不是一蹴而就的，而是遵循一个发展顺序，可供教师辨别不同年龄段儿童的“表现”。例如，虽然 3 岁幼儿在爬楼梯时可能仍会两步上一个台阶，但 4 岁幼儿应该能够一步一个台阶地爬楼梯，前提是他们家里有楼梯。

问：教师应何时开始评估儿童的运动技能？

1. 总的来说：这应该尽快，教师要注意幼儿觉得简单的动作和他们觉得困难的动作。
2. 更具体地说：幼儿在周围环境中感到自在；他们熟悉所有器械，并与幼儿教师建立了联系。这时，教师就可以通过仔细观察，发现幼儿在知觉或感官方面的困难以及更明显的运动困难。

当然，幼儿在进入早期教育机构 / 学校之前有不同的经历，这些都会影响他们参与新活动的方式。这意味着评估不应只进行一次，而应在一段时间内重复进行。然后，它们可以预测儿童升学后的成就，或者被用作获得专家帮助的证据。如果怀疑幼儿有额外的学习需求，那么给幼儿录像会很有帮助（需要幼儿父母的许可），因为可直接看到的画面通常比书面描述更清晰。视频还允许重复观看和共享记录，以便更多有经验的专业人士帮助教师做出有关干预的决定。

问：还有其他需要先检查的东西吗？

在开始评估之前，考虑是否有其他因素（如鞋底太硬）可能会妨碍幼儿自如地运动。

如果不这样做，那么支持幼儿的干预措施可能会基于不正确的信息。表5.3可能会提供一些评估指导。

表5.3 对幼儿的困难进行评估

幼儿是否有	是	否	评估/严重程度/药物或其他帮助
感觉困难，如			
1. 平衡不好？			
2. 听力不好？			
3. 视力受限？			
4. 过敏？			
5. 哮喘？			
沟通困难，如			
1. 理解？			
2. 表达？			
3. 解释？			
性格/行为困难，如			
1. 害羞？			
2. 攻击性强？			
3. 退缩？			
4. 反应慢？			
5. 自卑？			

问：关于运动，我们应该问哪些问题呢？

表 5.4 提供了一份检核清单。当教师怀疑幼儿有问题时，可以通过大型仪器筛查问题，提供有无问题的证据。当一个男孩被认为手臂力量不佳时，教师搭建了一条长隧道，让他爬进去，然后在尽头爬出来。发生的事情是，幼儿用他的头作为杠杆将自己的身体甩了过去。他采取了补偿策略，但隐瞒问题并不能解决问题。

表 5.4 运动发育的重要指标

幼儿可不可以	可以	不可以	评估（如不灵活，容易摔倒）
有控制地移动，即判断所需的力量和速度？			
使用对侧上下肢运动模式爬行？			
上下台阶？			
判断落地是否安全？离开地面（跳、蹦）？			
一直用同一只手 / 脚？			
自信地越过身体中线活动？			
轻松改变方向？			
控制自己的身体？			

这些基本的评估项目非常有用。通常，家长可能（错误地）不太关心孩子的运动能力是否差，直到孩子被发现无法书写。问题本来就存在于孩子的身上，不会突然出现——但在孩子年龄尚小的时候，家长为了节省时间，往往会帮孩子穿外套、系鞋带和提书包，因此，孩子的问题不会立即显现出来。

问：那么运动是如何阻碍书写的呢？

书写是一种运动技能。幼儿应该端正地坐着，双脚稳稳地放在地板上，桌子的高度与幼儿肘部的高度齐平。倾斜的写字板可以防止幼儿的头部有不必要的挪动，带有特殊握笔器的粗铅笔（市场上有很多适合不同人的铅笔）有助于幼儿掌握正确的握笔姿势。同样重要的是，注意左利手和右利手的幼儿的座位安排，避免肘部碰撞的情况，惯用右手的幼儿应该在右边。

3 岁时，有的幼儿可能在写字母时反着往前写，这表明他们不知道应该使用哪只手。教师可以帮助幼儿找到自己的惯用手，然后提醒他们在尝试其他活动时使用他们的惯用手。

在将沙包扔进废纸桶的游戏中，格蕾特被问道："你用哪只手投中的最多？"一旦确定她的惯用手，她就会意识到自己在绘画、穿线和分发东西时应该使用哪只手。

因此，有一些简单的策略可以解决幼儿特定的问题，但当这些问题持续存在时，遵循每天的运动计划是幼儿取得进步的最好方式。

问：我可以在什么时间做计划呢？是否需要每天在一个固定的时间段内做计划？

不需要。当你想使用大型器械时，最好有一个计划的时间，以便有人负责在幼儿到达之前进行安全检查。

问：你如何促进幼儿的智力发展？

你可以请有能力的幼儿帮助你组织和分配资源，可设置如下任务。

- 点心时间马上到了，你能帮我摆放餐具 / 分发点心吗？每张桌子旁坐 3 个人……

- 有 4 个小朋友要在外面玩。你能把自行车和球摆出来吗？
- 你能把我们昨天读的书拿到故事角吗？
- 你能帮我把相同颜色的彩带捆到一起吗？
- 你能把彩带进行分类，让红色、蓝色和绿色彩带的数量相同吗？
- 今天我们应该选择什么器械来练习保持平衡？
- 你能为一场使用大球并用板凳代替球网的比赛制定规则吗？想想比赛是如何开始的，如何判定得分，以及你需要做什么来确保所有球员的安全。

即使在教室里，运动也可以穿插在儿童久坐的活动中。如果空间有限，让坐在一桌的儿童在不接触的情况下进进出出，能够让他们得到放松的机会并集中注意力。

问：能不能帮我们多想些活动创意？

下文中的点子涵盖了精细运动和粗大运动技能以及日常操作技巧。我敢肯定，一旦开始，你的灵感就会如潮水般涌来［参见麦金泰尔和麦克维蒂（Macintyre & McVitty，2004）的点子］。重要的是要记住，即使是非常简单的动作（如沿着长凳行走），教师也应该在儿童能够做好之后，再引入复杂的动作（如携带铁环或跨过懒人沙发）。

发展身体和空间意识，平衡、协调和控制能力的活动

【注意】任何项目的目的都是让幼儿改善他们的基本运动模式，并能够适应不同的环境（如在户外）。一名幼儿可以先学习在地板上爬行，再沿着长凳爬行，然后沿着倾斜的长凳爬行，最后爬上楼梯，因为爬行和攀爬的模式是一样的。变化的环境为儿童增加了多样性和挑战性。如

果儿童“做不到”，那就简化游戏材料（如接住比球慢的气球）或改变环境（如让幼儿将球踢进空球门，而不是踢进有守门员的球门），创建一个积极的开始。

高效运动的关键因素

身体意识——幼儿必须能够感觉到他们身体部位的位置

西蒙说和类似的游戏

这些游戏总是很受欢迎，并且非常适合帮助身体意识较差的幼儿识别和感受他们不同身体部位的位置（有关西蒙说的示例，请参见表 5.5）。这些活动也有助于培养幼儿的身体边界感。这意味着他们能够认识到自己身体的尽头和外部世界的起点，这是一项有助于灵巧移动和安全运动的重要技能，例如，将杯子稳稳地放在桌子上（而不是摇摇晃晃地放在桌子边上），或者知道遇到红灯要停下脚步。

表 5.5 西蒙说

西蒙说（模仿或者不模仿）	关注	帮助
将两只手放在头上	反应缓慢：两只手以不同的速度移动	在游戏中使用幼儿可以看到的身体部位，如膝盖、脚趾
两臂伸向天空。 抬头看看你的手指（“闪烁的星星”暗示手部的动作）	儿童无法平衡，尤其是当头部位置改变和手指移动时。 弯曲手臂——一个或两个	1. 靠墙站立以帮助保持平衡。 2. 面对墙壁并用手指做向上爬的姿势（小小蜘蛛）
坐下来，将双腿伸到前面；双手向后；然后交替地摆动双脚	向前探出头。脚移动时点头。不能做双脚交替动作	在“你好脚趾，再见脚趾”的口号中，识别动作的节奏。提醒他们“挺直腰背”

（续表）

西蒙说（模仿或者不模仿）	关注	帮助
越过身体中线活动。将一只手放在另一侧的膝盖上，然后用手在身体前画出“8”字形	不能越过身体中线活动的孩子	让幼儿手拿沙包。尝试做接抛的动作，一只手静止不动，另一只手为了接住沙包而移动

许多儿歌都能促进幼儿发展身体意识，例如《头、肩膀、膝盖和脚趾》《栗树下》（*Under the spreading chestnut tree*）以及《手指歌》（*Tap time*）（Macintyre，2003）。

在日常活动中强调运动

在幼儿的活动中，诸如“夹紧双臂，这样你将变得更有力量，在往杯子里倒水时水不会洒出来”或“看看当你穿线或伸展手臂时你的两只手之间的距离”之类的话，有助于他们培养身体意识。

问：我们如何让幼儿意识到他们的背部？

在理想情况下，让幼儿双脚不动，身体按照倒圆锥体的轨迹开始扭转。幼儿必须向后倾斜和旋转，然后腹部肌肉必须用力，直到背部再次发力。

表 5.6 呈现了一些其他的点子。

表 5.6 “雪地里的天使”

“雪地里的天使”	关注	帮助
躺在地板上——张开和合上双腿，感受腿后部在地板上摩擦的感觉	看不到发生了什么而不能一起活动双腿的幼儿	先坐着做动作，这样他们才能看到动作并将做动作的感觉内化

（续表）

“雪地里的天使”	关注	帮助
将手臂举过头顶（手臂后部贴在地板上）	弯曲的手臂——建议他们让手掌心向上，这会将肩膀向后拉	如果幼儿摆动手臂有困难，可以让他们每只手各拿一个沙包
两个动作一起做	他们能否在头顶上方将两只手并拢，并在双手掌心贴近时将两只脚并拢？	给予他们足够的时间。 检查肩部的柔韧性。不要强迫幼儿做任何动作——如果幼儿不能放松肩膀，那么使用物理疗法
所有幼儿按照直线躺成一排或者围成一圈。当他们举手时，他们可以触碰到旁边同伴的手。 双脚并拢，双腿分开	查看幼儿做动作的意识和时机。 幼儿可以在不看的情况下正确把握动作变化的时机吗？	检查幼儿的背部不离开地板——如果这样伸展太占地方，则缩小动作幅度

问：如果幼儿看起来柔弱，我们怎样才能让他们变得更强壮？如果他们的身体比较僵硬，该怎么办呢？

表 5.7 呈现了一些点子。需要一些阻力使幼儿的肌肉更努力地工作，同时帮助他们的四肢在更大的范围内移动，例如，借助于丝带让孩子们在整个运动范围内伸展。在游泳池甚至水池中戏水、在湿沙中铺路和用湿黏土塑形都是有用的想法。如果孩子们不喜欢黏土的质地，他们通常可以接受“康复训练泥”（Theraputty）①。康复训练泥是一种干净的可塑性物质（不喜欢“脏黏土”的孩子通常很乐意使用康复训练泥）。它有五种硬度，因此材料的硬度可以随着幼儿力量的发展而改变。孩子们可

① “Theraputty”是一种经常在物理治疗和职业治疗中使用的特殊弹性橡皮泥。它被设计用来帮助个体提高手部力量、灵活性和手眼协调能力。它的质地和弹性可以根据需要进行调整（从非常柔软到非常坚硬），提供不同的抗力级别，以满足个体的需求。——译者注

以按压它、拉扯它并给它塑形。一项有趣的任务是在康复训练泥球内找到隐藏的宝藏。这需要幼儿进行大量的拉扯，从而增强手指、前臂甚至肩膀的力量。

表 5.7　强化活动的一些其他想法

活动	关注	帮助
捏爆泡泡纸	手指力量	用手指戏水；在沙滩上建造城堡——做很多加固工作
玩溜溜球	无法用两只手越过身体中线做不同事情的儿童	提供大型拼图，让幼儿做越过身体中线的动作。木工活动也很受欢迎
穿珠子	对于闭上一只眼睛的幼儿，检查他们在其他时间是否会出现这种情况——请咨询验光师	坐着穿珠子，以尽量减少平衡需求。这是一个“瞄准”练习——检查钳形抓握能力
儿童飞镖	检查过臂投掷开始时的姿势（单侧脚向前）	重量从后脚转移到前脚。喊出1、2、3；数到3的时候投掷飞镖
快速将小圆球、羽毛球、纸卷筒等（不同大小和形状的小物体）从一个桶转移到另一个桶（限定时间）	难以抓握和放手	增加桶之间的距离。这意味着所需的手部动作较慢且要求较低
用小木棒打毽子	无法把握击打时机的幼儿	控制手部动作以保证击打到毽子。击打的声音应该有节奏
弹奏旧钢琴	不会按键或用力过大的幼儿	检查手指是否特别缺乏力量。如果手指缺乏力量，可以滚动黏土或用黏土做造型等

图 5.3 按手印有助于增强儿童的手部意识和手指力量

粗大运动技能

爬行（帮助协调、平衡和空间定位）

对一些爬行活动的介绍，请参见表 5.8。使用儿歌向儿童提示爬行动作：

右手，左膝，我们走；
左手，右膝，谁能秀？

向前爬行 1，2，3；
你可以轻松做到！

表 5.8　一些爬行活动

活动	关注	帮助
首先，让儿童摆出爬行的姿势。这是一个不难保持平衡的姿势。儿童有安全感	无法保持背部平衡的儿童。四肢（胳膊或腿）摇摇晃晃——向后坐或倒向一边	将一个沙包放在儿童的腰背部，让儿童保持平稳。训练强壮的手臂和腿
如果他们可以保持沙包不掉下来，则将身体左右移动或前后移动——然后伸直腿，尝试用身体将沙包甩出去。做完动作后，他们应该回归最初开始爬行的动作	移动后无法重新回归初始动作的儿童——他们可能不得不向后坐，或者他们的手臂可能会弯曲	加强手臂和腿部的锻炼。检查儿童能否将重量向前移动到手臂上（手臂应该保持笔直和有力）
再次回归初始动作，儿童可以从地板上捡起沙包并将它们扔进桶里	无法有节奏地挥动手臂或必须弓起背部才能将手臂举过头顶的儿童	应寻求物理治疗，帮助缓解肩膀的僵硬

当玩“踢马”游戏（一种类似倒立的活动，单膝跪地，另一条腿向上抬）时，可以使用儿歌向儿童提示动作：

使你的手臂和手如此有力，
伸出一条腿，让它变长，
现在摆动它，非常高，
看——它几乎撞上了天空！

【注意】使用歌曲有助于培养儿童的节奏感，这对他们做动作以及练习口语、写作和阅读都很重要。它还有助于儿童提高数学技能，如学习乘法表。

更多关于爬行和滚动的活动参见表 5.9。

表 5.9 更多活动（1）

活动	关注	帮助
从爬行到向侧面滚动	这是一种安全做法，应该在垫子上进行。从爬行开始，孩子应该用一只胳膊夹住另一只胳膊，然后依次翻转——头部、肩膀和背部，从右侧翻转到跪下的姿势。幼儿应该明白，他们要将身体的重心放在垫子上，肘部、肩膀和膝盖需要被重点保护	安全着地。 幼儿需要意识到这项技能，即学习安全着地，这会在他们跌倒时保护他们。他们不得倒在伸出的手臂上，否则可能会摔伤，甚至锁骨断裂
铅笔滚	幼儿可以在保持双臂环抱身体的同时滚动身体吗？	问："你能够伸直腿吗？""你能感觉到脚趾在哪里吗？"

发展精细运动技能的活动清单

手指意识：手指、手掌、手臂和肩膀

1. 培养幼儿的灵巧性很重要，即能够有控制地操控小物体。这是通过练习操控有一定阻力的物体（强化活动）和学习钳形抓握来实现的。

   为此，幼儿需要意识到他们是如何使用手指、手掌和手臂的。教师还必须帮助他们找到惯用手。

2. 幼儿学会在身体中线的位置使用两只手是至关重要的——最好两只手做不同的事情，如打开罐子、拧下螺栓上的螺母或穿珠子。这些是双侧协调运动。他们还必须能够越过身体中线做动作。他们可以做“8”字形动作，如在空中比画——也许是写他们名字的第一个字母——对此有所帮助。
3. 从提高力量和灵活性的角度反思现有活动，我们会发现一些微小的活动变化可以给予更大的回报。例如，做烘焙的时候，让手部力量差的幼儿先混合黄油和糖，因为硬的黄油不容易搅拌，因此混合的过程也是幼儿锻炼的过程。
4. 擀面团，使用橡皮刮刀或饼干模具，将面团放在烤盘上，然后品尝成果—— 一系列令人满意的事情发生了。强调操作顺序有助于计划和组织。
5. 幼儿用土豆捣碎器捣碎土豆，可以强健肩膀、手臂和双手。然后，幼儿可以将土豆泥做成球状（加入他们磨碎的奶酪）来制作可乐饼，将可乐饼裹上鸡蛋和面包屑，然后放入烤箱，制成美味的点心。

关于行走变化的戏剧性想法

开展步行小组（戏剧性）的活动。在这些方面，改变儿童的步行姿态。

1. 在一个寒冷的早晨，迈着轻快的步伐去学校。

- 在室外哈气，形成水雾。对着手掌哈气。摇晃刺痛的手指（这些动作会挑战平衡性）。
- 双手环抱以取暖（手和背部意识）。
- 看到朋友并挥手致意。跑过去，跟朋友拉手，一起跳着取暖。

2. 森林里很热。你发现了蝴蝶和蜂鸟。你不能发出声音。

- 悄悄地穿过灌木丛（弯下身子缓慢行走）。
- 使用“扫大街”的动作来清理路径（平衡挑战）。
- 静静地蜷缩起来，听嗡嗡声（注意弓背）。
- 注意到一条蛇从灌木丛中爬过。
- 跳起来冲出去——跑进你的树屋。

如果不同的幼儿扮演不同的角色（如蜂鸟、蝴蝶、蛇和豹子等），那么可以创编一个戏剧性的舞蹈。孩子们可以描述一系列事件，教师可以添加描述性词语，使该活动与教学主题产生联系，并且支持幼儿发展识字能力。

在儿歌时间，儿童会产生更多的想法（参见：Macintyre，2003）。

当儿童学习移动时，他们会学习如何控制自己的身体并保证自身的安全。他们学习如何与他人一起跑步和跳跃，以及如何接球和踢球。这些技能使他们能够与他人一起参加活动，从而促进他们的社会性发展。随着他们的成长和对自己的判断，他们在智力和道德方面也会得到发展（例如，如果我保持健康并学习营养知识，我就不需要去医院）。因此，虽然儿童发展的每个方面都值得单独研究，但最好在综合的背景下进行分析，因为儿童一直都在使用多种能力。

更多关于学习移动的活动参见表5.10。

表5.10 更多活动（2）

活动	关注	帮助
行走	保持姿态、平衡和控制。肩膀放松，双臂自然摆动	如果步幅不均，请把握好节奏
跨过地板上的丝带	检查重心的平稳转移	

（续表）

活动	关注	帮助
沿直线行走——向前和向后，然后沿着曲线行走，再突然改变方向	注意不能改变方向的孩子。如果他们的脚尖向内，那么腿的整个位置将阻碍他们改变方向	让幼儿意识到他们的脚放置的位置——看看沙子上的脚印。强调脚尖向前。如果这种“内八字”的姿势持续存在，请寻求物理治疗
穿过两个平行放置的长凳形成的空间。活动开始时长凳相距很远，然后逐渐靠近	目的是让幼儿意识到他们身边的物体，并根据可通过的空间判断他们身体的宽度 / 运动模式（这会发展他们的空间意识和侧向运动能力）	犹豫不决的幼儿，因为他们无法判断自己能否通过空间。 添加其他“活动”，如让幼儿从头到脚穿过呼啦圈。这让他们能够判断身体周围的空间

第六章

理解社会性发展

一些早期教育教师认为社会性发展对幼儿来说至关重要，并将其列为“他们希望幼儿能够做到的最重要的事情”之一。社交技能是幼儿独立、自信、受欢迎和幸福的关键因素。因此，幼儿如果已经具备了良好的社交技能，那么应该继续发展这些技能，使其更加完善。为了扩展幼儿的社交学习，教师可以从幼儿自身的行为中寻找教育契机，通过榜样示范、表扬、支持和鼓励等方式，帮助幼儿进一步发展社交技能。为了实现这一目标，经过长时间的讨论，这些教师制定了希望幼儿能够掌握的“社交技能”的清单，如表 6.1 所示。他们一致认为社会性发展很重要。理解幼儿社会性发展的各个方面对于教育专业人员和家长来说至关重要，因为这能够帮助他们更好地促进幼儿的社交技能发展，为他们未来的成功打下基础。

表 6.1 社交技能

互相尊重并珍惜他们的游戏玩具以及其他资源（西蒙）	彼此友善（萨莉） 学会轮流（埃米） 关心和分享（梅甘）
互相照顾——注意安全问题，尤其是在户外游戏时（卡罗尔）	学会独立，决定自己想做什么，收集所需的一切材料并开始行动（乔）

（续表）

知道在被碰撞或行动不如预期时该怎么办（戴夫）	倾听彼此并跟随他人的引导（埃米）
应对常规活动——知道接下来会发生什么（奥马尔）	拥有朋友并能与他人分享这个朋友（弗兰）

下面是早期教育教师团队分享的问题和答案。需要注意的是，这些问题和答案都基于对儿童社会性发展的理解，以及对儿童教育经验与知识的深入分析。

问：为什么应该优先考虑社会性发展？

在幼儿的成长过程中，如果能够培养出良好的社交技能，使他们能够避免冲突、分享资源，以和谐的方式与他人交往，那么这将成为他们未来成功的基础。这样，家长可以将更多的精力用于帮助幼儿学习其他方面的技能。因此，优先考虑社会性发展至关重要。（西蒙）

问：你如何营造这种工作氛围？

我们试着做好榜样，保持冷静，并表扬那些表现良好的孩子。我们希望其他孩子能够向他们学习。如果他们没有达到我们期待的效果，我们会解释自己为什么感到不悦或失望，而不是发脾气。（萨莉）

正如罗宾逊（Robinson，2011）所言："幼儿的早期互动会强化或削弱他们的个性特征，而且幼儿所获得的不同类型的经验将影响他们先天能力的发展。"因此，我们应该重视支持和鼓励幼儿形成积极经验，以促进他们成长和发展。

问：对于已经具有良好社交技能的孩子，我们应该如何开展教育活动？是继续提高他们社交技能的水平，还是集中培养其他方面的能力呢？

即使幼儿已经展现出良好的社交技能，我们也有许多方法可以帮助他们进一步提高理解力。乔分享了她的想法，并提到了一个例子：

我们班上有一个名叫奥迪的男孩，他的家庭经济条件可能不是很好，但他在社交方面做得非常好。虽然他有语言障碍，但他学会了如何与他人建立友谊。他总是带着微笑，很有亲和力，同时非常尊重他人。他会倾听别人，主动提供帮助，而不是强迫别人接受。有时候他会被人取笑，但他并不像大多数孩子那样报复他人，也不会显得苦恼。我曾听到他对一个男孩说："如果每个人都长得一模一样，那不会很无聊吗？"这句话让我深受启发。因此，我决定在谈论不同的动物或花瓣、叶子的形状时引用奥迪的这个想法。我们一直在从孩子身上学习。

问：乔如何帮助奥迪扩展他的社交技能呢？

我让他负责做一些事情，如检查设备、帮助一名患有唐氏综合征的孩子。他将玩具固定在格栅桌上，确保行走架上的所有绑带都处于正确位置。

我们还要求奥迪用阿拉伯语说一两个短语，让其他幼儿能够了解并学习这种语言，尊重他的双语能力。我们还有一个来自威尔士的幼儿和一个自愿教我们盖尔语的志愿者。通过这些方式，我们帮助奥迪扩展他的社交学习，并鼓励其他幼儿了解和欣赏不同的文化和语言。

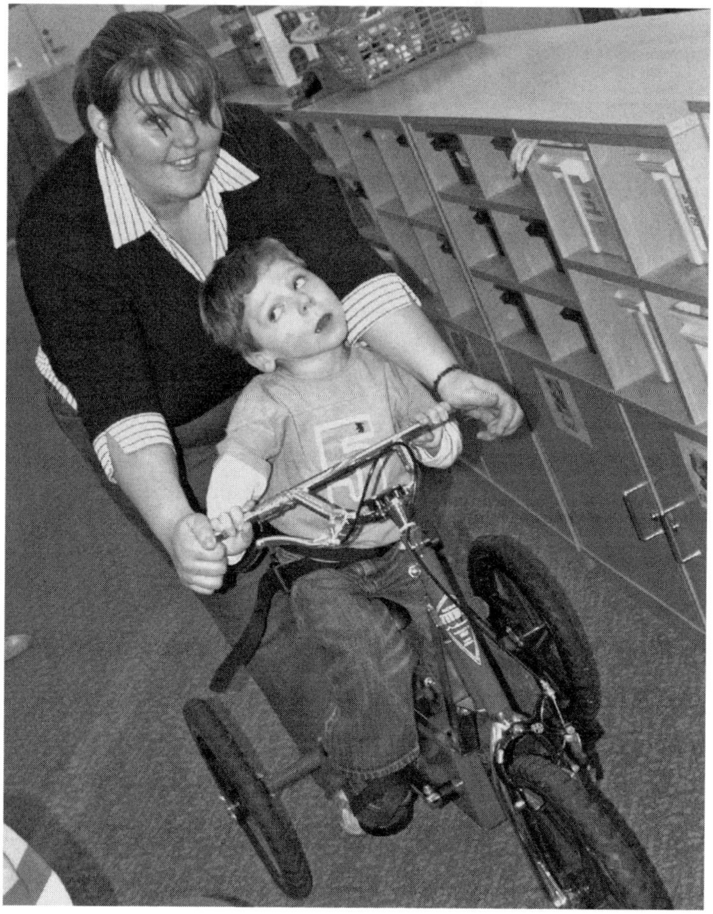

图 6.1 乔帮助丹尼尔感受独立

问：我发现有些孩子刚开始社交能力很强，但很快就会追随那些比较粗鲁的孩子并模仿他们的行为。这让我们感到失望，因为我们一直试图向他们解释什么是最好的行为方式。

在这时，戴夫插话道：

我已经不止一次地解释了集体可接受的行为方式。尽管奖励有时可以在短时间内发挥作用，但孩子们经常会忘记或不知道应该始终保持对他人的尊重和保护。

他解释说，消除不良行为是一项永无止境的重复性工作，使人筋疲力尽。当被要求举例时，他继续说道：

本是一个精力充沛的4岁男孩。上周一和周二因为下雨，大家没能出去玩。所以在周三，当本看到自行车被拿出来时，他冲向门口，撞倒了区域分隔板。利娅挡在了他的去路上，于是他就用尽全力把她推倒在建构区的盒子上，导致她背部受伤。我们必须记录这个事件并将其告知本的妈妈。当我们这样做时，本的妈妈抓住了本的上衣，把他带到利娅面前。她问利娅："他打你了吗？"利娅害羞地点了点头。"好吧，还击他！"她说。利娅退缩了。"来吧，你还击他，"她继续说，"否则我会替你还击他的。"

教师们对这件事的发展感到担忧。当家长所坚持的"原则"与幼儿园的教育理念发生冲突时，教师们感到束手无策。他们特别注意到本的妈妈曾经说过："这个世界如同丛林，软弱的人是没有出路的。幼儿必须坚强地适应这个世界。"这意味着幼儿需要适应家庭生活方式和幼儿园里的环境。戴夫问："在幼儿园里，孩子们能够学习到不同的相处之道。但当幼儿说'我爸爸告诉我，如果有人欺负我，我要加倍地还击，这样他们就不敢再这么做了'时，我该如何回应呢？"

解决这一难题确实具有挑战性。幼儿教师不能批评家长的教养方式，同时家长或监护人也应尊重幼儿园设定的早期儿童社交规范。与家长进行平和的沟通是关键，我们可以明确地告知他们："这是我们的教育原则。"此外，我们可以向家长分发宣传材料，明确说明我们倡导的良好行为，从而增强他们对相关政策的认同感。为了以防不测，记录下所有与家长沟通的内容也很重要。在某些特殊情况下，例如，家长或监护人坚决不愿遵循幼儿园的行为指导原则，教师可以明确提醒他们，如有必要，幼儿园有权利开除幼儿。

“儿童或许在家里被灌输一种观念——排斥和贬低那些比他们更有成就的人，能提高自己的社会地位。”（Dowling，2004）那些在有种族歧视倾向的家庭环境中成长的幼儿，可能早已习惯了看轻那些与自己外貌不同的人。在人生的早期阶段，孩子们开始构建自我认知。如果他们因性别、外貌或背景而遭受不平等的对待，也就是受到刻板印象的困扰，那么他们的自我认同可能会遭受深远的负面影响。教育工作者在促进平等与尊重方面承担着重要的责任，必须确保每一个孩子都感受到被重视和尊重。的确，儿童会自然而然地注意到彼此的差异，但如果教育者能够传达这样一个观点——“如果我们完全相同，那么生活岂不是会变得十分单调？”，将有助于鼓励儿童尊重差异性。

建立幼儿时期的“规则”

问：我们是否应该采取更加积极的方法？（乔）

她解释道：

当问题出现时，我们的首要任务是与家长沟通，明确告知他们我们绝不容许将暴力作为解决问题的方法。在采取任何行动之前，我们必须对孩子情绪爆发的频率和常态行为有深入的了解。我们也会努力找出可能的原因，例如孩子是否因为语言表达能力不足而产生挫败感。但无论出于何种原因，家长、孩子以及所有的教育工作人员都必须严格遵守幼儿园的规定和制度，这是确保环境和谐稳定的关键。

乔还观察到，有些幼儿擅长利用不同教师提出的不同要求，来达到自己的目的。她强调："我们必须行动统一、口径一致，确保大家都按照相同的标准来执行规则！"

萨莉坚信，幼儿需要培养相互关心的品质，她进一步阐释道：

的确，孩子们需要了解在不同场合中的不同规则，就像他们在操场上与在教室里使用不同的交往方式一样。但现在，很多游戏和电视节目都以霸凌作为核心内容。当孩子们长时间地沉浸于这样的环境中时，他们从中得到了怎样的信息呢？

教师对此都深有感触，但感到有心无力。西蒙接着说：

孩子们似乎天生对血腥和暴力内容充满兴趣，尽管他们知道那并不是真实的。为什么会这样呢？

关于媒体对幼儿暴力行为的影响的讨论仍在继续。

问：戴夫对幼儿园的布局表现出浓厚的兴趣。他提出疑问——"桌子的摆放方式是否会引起孩子们的混乱行为？我认为通道应该有适宜的长度，不应过长，否则孩子们可能会四处奔跑。也许这是导致他们行为失控的一个因素？"

萨莉回答：考虑到消防通道以及烹饪区的独立性，确保布局合理并非易事。我们还有戏水桌，最直接的方法是将其放置在水源旁，同时将玩沙区与铺有地毯的区域隔开。然而，我意识到我们设计的长走廊确实可能使孩子们产生奔跑的冲动。因此，我会重新评估我们的布局，看看能否做出相应的改进。

如何帮助幼儿学习社交“规则”

幼儿教师知道，不同的家庭给孩子设置的规则不同。事实上，一些幼儿似乎没有规则意识，甚至教师每天或对每个人所执行的规则都有变化，这让幼儿在不同的情境中感到非常困惑，不知道该如何做。那么教师应该如何帮助幼儿接受稳定和一致的社交规则呢？

图6.2 奥尔拉和菲恩在花园里合作，他们对种植的兴趣相同，意味着他们是好朋友

弗兰解释道：

我们要传达的首要信息是“在幼儿园里，我们都是朋友”。虽然孩子们可能还不识字，但我们利用了大型告示板，上面有面带微笑的婴儿、幼儿和学前儿童的照片，并附有相关的文字。每天我们都会在特定时刻重申这一信息。接下来，我们进一步深入探讨了“朋友”的定义。孩子们学到了：朋友就是那些友善、与自己一起玩，甚至帮自己穿外套的人；真正的朋友说话温和，在游戏中非常有礼貌。

我们要让幼儿知道我们会关注那些表现出友好行为的孩子，当他们遵守社交“规则”时，我们会予以表扬和奖赏，如给他们一些贴纸。幼儿可以把这些贴纸带回家，让家长知道他们受到了表扬。

了解幼儿的攻击行为

攻击行为指有意伤害他人的行为，许多幼儿在早期阶段会表现出某种形式的攻击行为，可能是因为他们还没有学会关注他人的感受。在早期阶段，攻击行为（如从兄弟姐妹那里抢玩具）可能会被强化，因为幼儿发现这是有效的。攻击行为使幼儿得到玩具，这可能比即将到来的责骂更为重要。幸运的是，随着幼儿口头表达能力的提高，其攻击行为往往会减少（详见表 6.2）。

表 6.2　攻击模式的改变

攻击	2—4 岁儿童	4—8 岁儿童
身体攻击（如咬、打、推）	在这个阶段最常见	越来越少
言语攻击（如起外号、嘲笑）	2 岁时不常见； 随着年龄增长，这种攻击变多，因为儿童意识到了“规则”，语言能力有所提高	在这个年龄段最常见，因为儿童已经内化了关于咬人、打人和推人的规则

（续表）

攻击	2—4 岁儿童	4—8 岁儿童
目的	工具性攻击，目的是获取或破坏某物	目的是显示权利、破坏感情或羞辱他人
原因	沮丧——经常在被拒绝后出现	出于竞争本能
后续影响	发生时间短，但可能出现欺凌行为	可能出现持续时间长的伤害，受儿童被支持程度和性格的影响

表 6.2 表明，在 3 岁或 4 岁的早期阶段，孩子开始意识到社会层级。即使在这个早期阶段，幼儿也能识别领导者和追随者。他们知道谁会赢得一场争斗，他们敢攻击哪些同伴，以及他们必须回避哪些同伴。这有助于抑制他们的身体攻击行为。

针对这个阶段，教师讨论了奖励幼儿良好行为的必要性，并得出结论——应该建立“规则”。在短期内，发放贴纸，甚至是自制的贴纸，能够对需要规范行为的幼儿产生帮助。

问：我认为贴纸可以激励个人，但我们应该如何向更广泛的儿童群体解释适当的社交行为，以避免他们因“无休止的打磨”而产生挫败感？

弗兰提出了一个建议，她认为：

在幼儿园里使用玩偶来表演故事，是一种展示不同行为方式的有效方法。通过将玩偶塑造成好人和坏人的角色，孩子们可以听到和看到不同行为方式所带来的结果。在一个关于“加入游戏”的故事中，一个咄咄逼人、跳来跳去喊着“让我进来！”的玩偶被告知“不行”，而一个轻声地问“我可以玩吗？”的玩偶则被欢迎加入游戏。随后，孩子们分享他们的想法，很快就会明白为什么有些孩子会更受欢迎。换句话说，他们可以了解什么行为受别人欢迎。这样的方法可以帮助更广泛的儿童群体了解适当的社交行为，并防止“无休止的打磨”。

受欢迎和被排斥的幼儿

问：为什么有些孩子受欢迎而其他孩子被忽视或排斥？

了解这些特质（见表 6.3）至关重要，因为它们在很大程度上都是持续存在的。受欢迎的幼儿常常被其他孩子主动选为朋友，而那些被忽视的幼儿虽然不会被明确地排斥，却很少成为别人首选的伙伴。遗憾的是，那些被排斥的幼儿可能会遭受孤立或公开的嘲讽，即使教师努力说服其他孩子与他们一同玩耍。

如果我们能帮助孩子们认识并理解这些特质，可能会产生积极的效果，因为这有助于他们自我反思并采取措施来规范自己的行为。尽管这正是教育的使命，但许多因素（如孩子的个性、社会背景、有无残疾以及他们的外貌等），都可能让情况变得更复杂。如果将这些特质与幼儿的气质特征结合起来考虑，我们可以更加清楚地理解孩子与养育者之间的相互作用。此外，当幼儿意识到自己不那么受欢迎时，这可能对他们的自尊心造成打击，这也是我们需要深入思考的问题。

表 6.3　受欢迎、被忽视和被排斥的幼儿的特质

受欢迎的幼儿	被忽视的幼儿	被排斥的幼儿
身材高大	不能做别人认为重要的体育活动，如骑自行车、踢球	讲别人的坏话，向大人抱怨

（续表）

受欢迎的幼儿	被忽视的幼儿	被排斥的幼儿
要有吸引力，有突出的身体特征（如长发）	没有特殊的社交技能；非常聪明，太自负	在某些方面与众不同——甚至是在他们无法控制的方面。有别人不喜欢的身体特征；超重幼儿
穿衣风格“酷”	缺乏“街头形象”	有时不整洁或邋遢
善待他人（至关重要）	与其他幼儿意见不一致，所以其他幼儿不太确定如何与他沟通	加入其他被排斥的幼儿，但带着不好的态度
善于解释——非惩罚性的	不确定如何融入	脾气暴躁——会打或辱骂他人
对朋友保持忠诚，在回应的方式上保持一致	从一组到另一组；希望被包括在内	孤僻或容易产生怨恨
保持冷静和理性	难以捉摸	乖戾、不讨人喜欢

从哪里开始呢？幼儿如何发展社交技能呢？

安斯沃思、鲍尔比和罗宾逊（Ainsworth，1972；Bowlby，1988；Robinson，2011）的研究都强调了父母和孩子间形成依恋关系的重要性。鲍尔比指出：“建立强烈情感联系的倾向是人类本质的一部分，在新生儿时期就已经存在。”他认为，这种早期关系的维持依赖婴儿与照护者间的互动行为（如抚触、微笑和发出咕哝声），这些行为共同促进了依恋的形成。这一发现对理解婴儿的出生方式及其对父母角色的影响具有深远的意义。丈夫现在被鼓励在妻子分娩过程中陪伴在侧，而不是在候诊室里焦急等待，以便他们能共同体验这一依赖过程。然而，迈尔斯（Myers，1999）对这种做法的即时性提出了质疑。

对于那些在分娩后的头几天甚至几周内必须接受重症监护或因“产后抑郁症”而无法表达温暖感情的母亲，这项研究提供了极大的安慰。现在人们认为，这种依赖的强度取决于在头几周和几个月内形成的相互依赖行为模式。随着婴儿和父母互相熟悉，他们开始建立一套令彼此满意的行为模式。他们正在促进沟通和建立亲密关系，这被称为“同步性”。不同的家庭发展亲密关系的进度不同。父母通过拥抱、对话和微笑等方式回应婴儿，以便双方了解对方的喜好。父亲的技能与母亲非常相似，因此照护者应该互相补充，让婴儿建立双重安全感。

但是，情况总是如此吗？有时，父母害怕与早产儿建立依恋关系，担心婴儿死亡会给他们带来巨大的痛苦。使用呼吸机和喂养管的婴儿无法被抱起。当他们回家时，父母可能会感到紧张和疲惫，而不是充满爱意。但这种情况通常会随着时间的流逝而改善——时间能使一切归于平静，让所有人都感觉更好。如果幼儿不符合“社会期望”，父母可能会觉得自己没有做好，甚至很失败。一些父母可能会对他们的孩子感到失望，特别是当孩子先天残疾时。另一些母亲可能缺乏安全感和充满爱的环境，因为她们没有来自丈夫的支持或没有足够的资金。如果她们无法应对这种情况，她们可能会虐待幼儿。一位年轻的母亲说：“我只是希望有人爱我，但她没有。她一直在哭，最后我打了她。我渴望有人把她抱走，让我睡一觉。然而，我也一直被负罪感困扰着。为什么没人告诉我会这样？”为什么呢？我们没有指出为人父母的烦恼和快乐，这也许会让我们的下一代感到失望。

然而，值得欣慰的是，大多数早期创伤问题都能够得到解决，已经形成的依恋关系可以持续一生，并为彼此提供支持。正如谢弗（Schaffer，1990）所述：“儿童的主要社会关系是其所有社会心理行为的基础。”他还指出：“任何早期关系的破裂都将产生长期影响。”

许多儿童在住院治疗、家庭破裂和离开早期照护者或教育机构等情况下会经历某种形式的关系破裂。研究发现，在 7 个月之前，婴儿会对周围环境的变化感兴趣，而不是惊慌。但之后，婴儿的反应变为哭泣、黏人和表现出痛苦的迹象。儿童表现出长时间的不稳定性和混乱的睡眠模式属于典型的分离焦虑，从而可以推断出这时是建立亲子关系的关键时期。

当 2 岁或 3 岁儿童去托育中心或早期教育机构时，会发生什么呢？如果幼儿接触的第二个环境与第一个环境相似，并且表现出“回应性”，即新的照护者以微笑和安慰回应幼儿，那么幼儿将建立第二个安全基础，这不会影响其对第一照护者的依恋。然而，如果发现照护方式存在差异，比较脆弱的儿童会感到异常不安和不安全。即使研究人员控制了社会阶层等变量，这一发现也依然成立。安全或不安全的依恋效应可能至少会持续到孩子的青春期。研究还发现，能够形成安全依恋的婴儿会成长为更自信的年轻人；他们渴望参与更多活动，并且对自己的能力有更积极的认识。这确实是一个意外的收获！需要注意的是，照护者对幼儿的影响不容忽视，因为它们对儿童的早期成长和发展具有重要意义。

梅尔休伊什（Melhuish，1990）进行了一项比较研究，探究儿童由亲戚照护、由保姆照护或在早期教育机构中长大对其发展的影响。研究结果显示，由于早期教育机构中成人与儿童的比例较低，儿童接受的语言刺激相对较少。虽然在认知发展方面，三种照护方式的结果几乎没有差异，但是在社交发展方面，早期教育机构中的儿童表现更出色。早期教育机构中的儿童表现出更多的互助行为（如分享和合作）。因此，早期教育机构可以为儿童的社交发展提供更好的机会。

社会对家庭的影响

家庭环境对儿童的影响是深远的。在理想的家庭环境中，照护者应该具备良好的互动技能和适当的回应能力，以满足儿童的需求。此外，幼儿需要资源来激发他们的探究潜力，而这些资源不一定是昂贵的。然而，在现实生活中，有些家庭甚至无法提供最基本的舒适空间，幼儿在混乱和绝望中成长。由于照护方式存在多种程度的差异，幼儿带着不同的看法来到这个世界，对新体验的期望和对自身行为的看法（获得成人的好感或不满）也各不相同。

当然，家庭嵌套在更大的社会结构——社区中，而社区又拥有自己的经济、社会和文化系统。在贫困社区中生活的婴儿可能会受到环境的不良影响，难以接种疫苗和定期接受健康检查，甚至面临营养不良等问题。这些背景差异在儿童 2—4 岁时就开始显现。为陷入贫困的家长提供社会支持是解决这些问题的一种方法。例如，单身父母可能很难得到休息的机会，因此他们的孩子更可能哭泣和感到痛苦。为幼儿家长提供定期聚会的场所，可以让孩子们摆脱孤独，受益匪浅。

学龄前儿童的健康状况

在生命最初的几年里，儿童常常生病（如感冒和咽痛）。那些生活在紧张环境中的幼儿通常更容易出现健康问题，这可能给照护者带来很大的社会压力，因为他们需要请假照护幼儿。此外，大多数事故也发生在家中，男孩比女孩更容易遭受意外。

艾森伯格（Eisenberg，1990）分享了培养幼儿乐于助人的方法。

- 营造温馨、充满爱的家庭氛围；
- 解释为什么、要做什么和不做什么，建立明确的规则；
- 提供积极的社交反馈，例如“你是一个非常乐于助人的孩子”；
- 给幼儿提供有益的活动机会；

- 示范周到和慷慨的行为。

当我们阅读这些内容时，我们可以发现在本章的开头，一些早期教育教师已经提供了很多幼儿需要掌握的技能。

问：尽管大多数父母和从业人员都尽了最大的努力，但校园欺凌仍然是一个严重的问题。这在早期教育中是否会被视作问题？

如果答案是肯定的，我们该做什么？如果答案是否定的，导致这种情况的原因是什么？从青少年自杀、饮食失调和许多不快乐的幼儿的报告来看，欺凌似乎在所有社会阶层和年龄群体中普遍存在。这提示我们需要深入了解欺凌现象及其影响，并采取针对性的措施来预防和解决欺凌问题。

问：这难道不取决于你对欺凌的看法吗？

让我们先思考早期教育阶段中的幼儿及他们的经历。这些幼儿的年龄、发展阶段、能力、语言、个性、脾气、背景、文化信仰、家庭及校外经历各不相同，而且他们在早期教育阶段面临着不同的期望和回应方式。这种多元性让管理这些孩子变得复杂、有趣且具有挑战性。然而，这也为欺凌现象的发生提供了土壤。一些孩子可能会通过欺凌来获得地位和发出自己的声音。在这种多元性的环境下，教师必须采取针对性的策略来管理这些孩子的行为，如在孩子情绪不稳定时，教他们如何表达自己的情感。此外，家庭和学校规则之间的差异也可能让孩子们感到困惑，而这可能促使他们参与欺凌行为。因此，教师需要充分考虑幼儿的家庭背景和文化背景，以及他们所面临的各种困难，为他们提供必要的支持和指导，以减少欺凌现象的发生。

儿童不是被动的学习者——等待着吸纳教师的智慧和指导，这增加了管理儿童的复杂性、趣味性和挑战性。儿童进入一个新的环境，对那里会发生什么、它有多重要以及他们将如何应对抱有不同的期望。有些儿童甚至会意识到，家人也对他们抱有期望。成人有不同的为人父母的经历，他们向孩子传授了不同的“规则”，如在面对挫折或不满时应如何反应。一些孩子被教导要负责管理和整理自己使用过的物品和游戏材料。当非家庭成员告诉他们该做什么或决定他们在点心时间应该吃什么食物时，他们会加以反抗。家庭与早期教育机构之间的规则差异可能令儿童感到困惑。儿童所获得的经济支持和家庭资源的差异，也在一定程度上塑造了他们对新环境的态度。

总之，欺凌现象在各个年龄段和社会阶层中普遍存在。了解欺凌现象及其影响，并采取针对性的措施来预防和解决欺凌问题，对于确保幼儿的健康成长和幸福至关重要。

问：考虑到这些差异，孩子们如何适应早期教育环境？他们需要掌握哪些技能？

在早期教育环境中，幼儿需要学习多项技能，包括自我保护、遵循复杂的常规、结交朋友、等待轮流和延迟满足、与“陌生”的成人和其他同伴相处、安静地倾听他人、爬攀爬架和骑自行车、应对表扬和失望、抵制干扰并集中注意力，以及完成各种活动和任务。最重要的是，幼儿需要学会尊重自己、尊重其他孩子和照护他们的成人，以及学会利用提供给他们的资源。这些技能的习得速度取决于孩子的意愿、先前的经历以及和新经历的一致性或冲突。

问：再来看看环境问题。那些自卑的孩子是否容易受欺负？我们可以采取哪些措施来解决这个问题？

所有已经提到的固有差异都会在早期教育环境中相互交织，这个环境本身可能会让孩子感到害怕，包括冲厕所时发出的噪声、响铃和嗡嗡作响的散热器、墙上太多令人困惑的图片、闪烁的灯光和双重锁的门等。“不让谁进来？”一个充满恐惧的孩子问道。即使地板上空荡荡的，回荡的噪声也可能会令人恐惧。因此，一些幼儿可能会感到自卑，进而容易成为欺凌的对象。为了解决这个问题，可以采取措施，如提供一个安全、温馨和有支持性的环境，培养幼儿的自尊心，鼓励他们互相尊重和理解，教育他们如何处理冲突和问题，并提供专业的帮助和支持。

问：如何确定欺凌行为？

欺凌行为是指针对那些无法自卫的人进行的持久的、有意的和残忍的行为（Murray & Keene，1998）。我们希望能够避免很多孩子持续伤害同一个孩子的情况，但这种情况确实会发生。

问：哪些孩子最容易受到欺凌？

教师们列出了以下名单：

- 比较脆弱的儿童，例如身材矮小、不符合“大个子标准”的儿童；
- 容易受伤害的儿童，例如在某些方面（如肤色、文化习俗、服装或其他特征）与其他孩子不同的儿童；
- 残疾儿童（如患有运动发育障碍、多动症或阿斯伯格综合征），因为他们的困难不是显而易见的，其他孩子可能不明白他们有困难，也不知道如何友好地回应他们；
- 特别有能力的儿童，例如知道所有答案并能够以成人的方式交谈的儿童；
- 不愿或无法反击的儿童。

问：你是否认为让孩子意识到欺凌的影响会让他们停止欺凌行为？

让孩子意识到欺凌的影响并不能保证他们会停止欺凌行为。默里和基恩（Murray & Keene，1998）发现："虽然孩子们表示他们憎恶欺凌行为，但仍有许多孩子认为欺凌行为是有益的，因为这样可以让他们不会成为被欺凌的对象。"

虽然让孩子意识到欺凌的影响可能是减少欺凌行为的一个重要步骤，但对于那些持续做出欺凌行为的幼儿来说，成人需要采取更为深入和综合的干预措施。在这方面，家长、学校和社会都可以发挥作用，通过支持受害者、提供教育和培训以及制定明确的规则和惩罚措施来减少儿童的欺凌行为。

问：为什么欺凌行为会发生？

可能出于任何一种原因，也可能毫无原因。

问：我们是基于什么数据来讨论的呢？

以下数据令我们感到震惊：

- 20% 的幼儿害怕上学；
- 38% 的小学生报告了欺凌对他们的严重困扰，以至于他们的生活方式受到了负面影响；
- 15% 的女性受到性霸凌的影响；
- 15% 的男性在工作中遭受欺凌；
- 25% 的成人（甚至包括老年人），遭受身体或口头虐待；
- 14% 的自杀与欺凌有关。

显而易见，欺凌行为对受害者造成了巨大的伤害，这种伤害可能会持续一生，甚至危及生命。这种持续的恶意行为，无论是实际发生的还是受害者想象的，都会给被欺凌者带来难以承受的压力和伤痛，因为人们预期的事件往往会与实际发生的事件一样具有极大的破坏力。

问：有性别差异吗？男孩和女孩使用的欺凌方式相同吗？

请参见表 6.4 中的信息。

表 6.4 性别在欺凌行为中的差异

行为类型	男孩	女孩
对他人刻薄	21.8%	9.6%
身体攻击	18.1%	4.4%
经常参与打斗	30.9%	9.8%
破坏他人物品	10.6%	4.4%
破坏自己的财物	10.7%	2.1%

资料来源：改编自 Bee（2002）。

在 4 岁的时候，欺凌中的性别差异就已经表现得非常明显了。女孩更有可能进行关系攻击（例如，“我会让我爸爸来找你——他是警察”）或者使用操纵策略（例如，“除非……否则我不会邀请你来我的派对”），并且更倾向于对策略的使用。需要注意的是，女孩更可能倾向于欺凌其他女孩，并且可能会向成人告状。相比之下，男孩更倾向于进行身体攻击，而往往不涉及情绪。他们认为欺凌是一件经常发生的事情，是必须接受的。他们要么还击，要么退缩；但通常不会在事情升级之前“告诉”别人，这会让欺凌者和受害者的困境更加严峻。因此，性别差异在欺凌中扮演着重要角色。

这些差异表明欺凌者的类型各不相同，这取决于幼儿的先天特征（例如，他们的气质或所处的环境）。

问：欺凌的类型会保持不变吗？

欺凌的类型并非一成不变。随着时间的推移，欺凌方式从早期的身体攻击转变为更隐蔽的暗示和行为。欺凌行为变得更加多样，使受害者难以描述欺凌事件和表露自己的恐惧。很多幼儿甚至有一种隐隐约约的担忧——担心自己的不足可能是受欺凌的原因之一，进而避免受到他人的指责。

不同类型的欺凌

区分不同类型的欺凌是很重要的，因为这是教师提供最适当支持的线索。

反应型欺凌者

这些幼儿在早期教育机构或家庭环境中经历了重大的伤害或被事件压垮了。父母离婚、丧亲之痛，甚至最好的朋友搬家都可能是诱因。幼儿因无力扭转局面而沮丧、大发脾气。

焦虑型欺凌者

这些幼儿表现出根深蒂固的不安全感，他们试图通过欺凌来获得地位。这可能是一种自我保护机制。

焦虑型欺凌者和反应型欺凌者都需要得到支持和积极的反馈。他们通常愿意倾听并评估自己的行为，如果这些行为是以一种不带评判的方式被解释的话。

虐待型欺凌者

有些虐待型欺凌者根本不关心别人的感受。他们嘲笑成人讲道理的行为。他们藐视父母和教师。他们似乎喜欢制造痛苦。他们缺乏利他主义或者同理心——他们成为“顽固不化”的“恶霸”，最终可能会发现只有与他们“志同道合”的幼儿才会容忍他们，并和他们成为“朋友”。帮派就这样形成了。他们似乎不关心自己的幸福，也不关心他人的幸福。他们可能行为失调，如有强迫症（对立行为障碍）或注意缺陷多动障碍—— 一种神经生物学疾病，需要就医。

这些幼儿很难接受他们确实需要帮助的事实，他们通常会否认自己需要改变。他们会产生怨恨，而许多家长和教师在尝试了所有的积极方法之后，希望他们被排除在学校之外，因为他们扰乱了其他孩子的学习并可能给他人造成身体和精神上的伤害。

不同类型的滥用

对欺凌行为进行分类的困难在于，欺凌的行为可能每天都不同，因此，即使儿童承诺“我保证不再藏玛丽的鞋子”（让她感到非常焦虑和难过），他也能很容易地切换到另一种形式的欺凌。

缺乏对“欺凌者下一步会做什么”的了解，可能会使受害者整天生活在恐惧之中。

此外，伤害可能来自恶语的传递方式而非语言本身。当这些恶语在另一个背景下被重复时，它们可能看起来无伤大雅。问题通常不在于儿童说了什么，而在于他们说话的方式。然而，这些问题是无穷无尽的，并且在缺乏或没有成人监督时，问题会更加严重。在小学，操场和学校门口的区域（成人看不到发生了什么）通常是孩子们害怕的地方。

家长的反应

当家长知道自己的孩子是被欺凌的对象时，他们会感到非常痛苦。面对这种情况，家长的第一反应可能是：“我能做什么？我不在那里，我没看到发生了什么。”但是有些家长可能会有不同的反应，如下所示。

- 不知道该如何应对，希望问题会自然消失：“下周他们会欺负其他人。”
- 忽视孩子的担忧：“我也曾被欺负过——你只需要忍耐。”
- 把责任归咎于学校：“等我到那里——他们早就应该控制住欺凌行为了。”
- 指责孩子没有应对：“拜托，明智一点，为自己站起来。”
- 鼓励孩子报复：“如果他打你，你就反击两次，他就不会再找你的麻烦了。”
- 邀请欺凌者到家里，观察孩子们在家里的情况：“让我们看看你们能否成为朋友。”
- 亲自对付欺凌者，或者对付欺凌者的父母（他们可能不知道发生了什么）：“好的，如果没有人解决，我会自己解决这个问题。”
- 感到无助，特别是在没有明显的证据时，如孩子擦伤、有瘀青或物品被盗。

不难理解为什么被欺凌者的父母会感到困惑，不愿采取行动，尤其是他们的孩子可能会恳求他们不要干预，以防他人进一步报复，或者教师可能会告诉他们，他们反应过度了。值得庆幸的是，学校已经明确制定了应对欺凌的政策，但欺凌仍在继续。

在早期教育阶段，教师通常有更多的机会与幼儿的家长会面，并与家长建立良好的沟通关系。

教师应该尽一切努力消除幼儿不恰当的行为，以便每个幼儿都能够在和平的氛围中学习。一旦这些问题解决了，家长们就可以认识到早期教育机构是其孩子的最好去处，并且他们可以通过与教师合作来消除攻击行为。

第七章

理解情感发展

罗宾逊（Robinson，2011）认为，成人的情感世界与孩子的情感世界相互影响。他们互相回应，从而改变对经历的认知。

她进一步指出，最初的依恋关系对孩子的生活、学习和情感健康有着深远的影响，并可能持续一生。她还描述了其他层次的关系，例如，童年早期儿童与教育机构和教师建立的关系也会影响其依恋模式，但“尽管如此，最初的依恋会在孩子的心智中留下不可磨灭的印迹”。然而，后续建立的这些关系同样具有强大的作用，教师必须了解它们在促进儿童形成持久的态度和自我信念方面的重要性。有趣的是，教师与一些孩子和家长建立关系比与其他孩子和家长建立关系要容易得多。也许在某些情况下，不充分或紧张的感觉会影响非语言线索，给接受者带来不适感。

刘易斯（Lewis，2010）等人指出：

我们不可能爱上所有人都喜欢的人，也不可能和遇到的每一个人都成为朋友。人们因为在他人身上发现可以产生共鸣的特质而被其吸引，但他们对其他人可能持有疏远或敌对的态度。

孩子也是这样，他们会评估成人并据此构建自我概念。当我们评估孩子的时候，孩子也在评估我们。在与幼儿建立关系时，教师应当确保幼儿不感受到被排斥，因为这可能损害他们的情感健康。有些成人对某些孩子具有吸引力，而对其他孩子则不然。这可以解释教师为什么与某些人交流会形成不和谐的气氛，这进一步影响到他们的沟通和情感联结。

幼儿的社交技能使他们能够与同龄人和成人适当地互动。这些技能的发展需要情感能力的辅助，这种能力有助于幼儿了解自己和他人。这种情感能力的形成，既取决于幼儿的先天因素（情感遗传），也取决于后天的经历和机遇（如所遇到的情境和榜样的影响）。在此基础上，幼儿会开始做出评估和比较，进而建立自我认知。对于这一过程，杰姬表示不解。

问：分享可以被视为社交发展的一部分吗？

当评估幼儿的情感发展时，我们需要了解幼儿行为背后的原因。在早期阶段，幼儿的行为动机通常是务实的，例如："我应该这样做，因为这是成人期望的，我可能会得到奖励。"但是随着幼儿逐渐发展利他主义和同理心（大约在 4 岁），他们的行为动机将变得更加无私："如果我给某人这个玩具，那么他会感到高兴。"这种行为体现了无私的特质，尤其是当幼儿自己也喜欢这个玩具时。

因此，在考虑幼儿的情感发展时，我们需要通过分析幼儿表面的社交行为，来了解其内心深处的想法。这些行为的变化取决于幼儿自我意识的发展。也就是说，幼儿必须先了解自己，才能意识到自己的行为对他人的影响。

问：儿童何时发展出自我意识？何时能够认识到其他人对同样的行为有不同的态度、考虑和想法？如何能够学会尊重不同的观点？当孩子们大声喊出“不公平”的时候，他们是理解公平的概念，还是只希望能得到自己想要的东西呢？如果他们对其他人是公平的，而其他人却没有做出相应的回应，会发生什么？

这些都是耐人寻味的问题。它们为教师的观察提供了定性的框架，因为他们不仅观察孩子们做的事情，还需要弄清楚“他们为什么这么做”，从而探究这些品质的微妙发展。教师可以记录下孩子们表现出这些品质的例子，比如，当一个孩子赞赏另一个孩子的画时，如果前者知道这种赞美会让后者感到高兴，那么教师就可以把这种行为记录为利他主义的行为。这是一个重要的观察点，因为给予和接受表扬能够表明孩子是慷慨和自信的。也许认识到诸如此类的利他行为，有助于我们创造更多的情境来促进儿童的情感发展（见图7.1）。

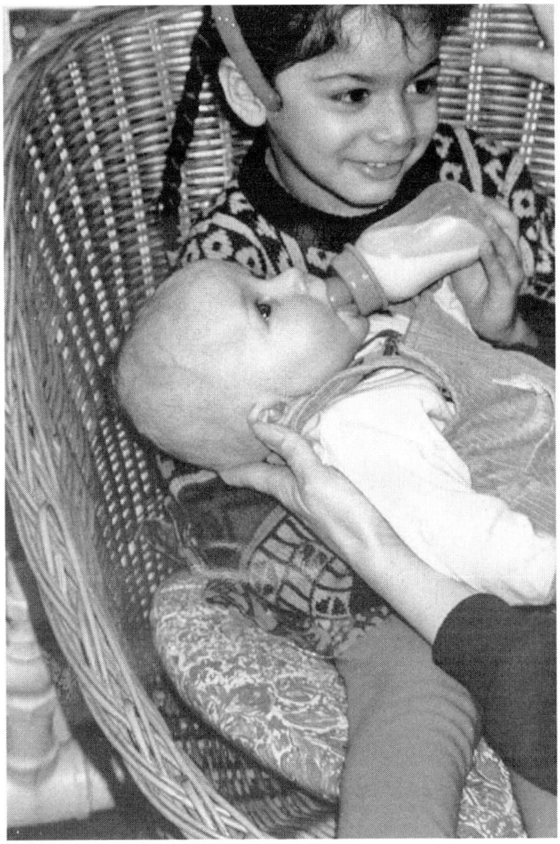

图 7.1　辛徒正在学习如何关心他人和发展利他主义

教师们被要求共同研究和确定孩子们可能已经或正在发展的情感能力。他们制定了一个重要的情感能力清单，如表 7.1 所示。

表 7.1 情感能力

了解自己的能力和需求，并接受它们——同时努力改进	认识到其他孩子能力较差，并为他们提供支持
公平对待其他人	懂得如何交朋友
有足够的信心去尝试新事物	懂得赞美别人，也会赞美自己
告诉其他孩子他们擅长的事情	意识到自己的感觉，如对新生儿的嫉妒，并知道如何处理这些感觉
用可接受的方式处理愤怒	拥有积极的自尊
明白每个人都有悲伤的时候——当有人感到沮丧时，表现出同情	能够分享忧虑，而不是把它们憋在心里
认识到他人在想什么，尊重他人的观点	懂得如何去安慰受伤的人

表 7.1 展示了一些教师很难观察到的重要的情感能力。我们可以思考：它们可能会在什么时候出现？是否存在与年龄相关的发展顺序？这些发展从什么时候开始？

培养自我意识

问：自我意识是孩子了解自我以及如何与他人相处的基础。但我该如何判断一个孩子是否正在发展自我意识？我是否可以在孩子年龄很小的时候就发现他的自我意识？

在视频《为明天而玩》（Play for tomorrow）中，特雷瓦森展示了一项被称为“巧妙实验”的测试，用于检测孩子是否具有自我认知能力。这是儿童自我意识发展的第一个迹象。该测试主要是在孩子的鼻子上涂抹一点胭红，然后让孩子照镜子。

3 个月、6 个月、9 个月和 14 个月大的婴儿都不会触摸自己的鼻子，因为他们不知道看到的是自己的镜像；而 2 岁以上的孩子能够认识到他们在镜子中看到的人像就是自己。这是儿童自我评估和与他人比较的基础，也是促进其身体意识发展的重要方法。很多处于幼儿阶段的孩子会通过镜子欣赏自己的镜像，但这并不代表他们已经具备了基本的自我意识。他们能意识到镜子里的人就是自己吗？他们有基本的自我意识吗？这个简单的测试就是我们找到答案的方法。

孩子在成长过程中逐步认识到自身与他人的差异。到 20 个月大时，他们开始意识到自己与他人不同，能指出自己身体的各个部分（如红色的头发、两只手和一个鼻子），并在图画书中识别他人的身体部位。在 2—4 岁，孩子开始根据自己已掌握的技能来描述自己，例如“我能拼拼图”“我能骑自行车、系鞋带、画画和爬攀爬架”。但他们这些独立的自我认知还没有整合进他们的自我价值观念中。所以，他们不太可能使用“自尊”这个词来形容自己，也不会把这些单独的成就进行整合。

儿童在 7 岁左右开始意识到自己的价值，这时他们对新的学习项目持有一种全新的态度——“我擅长这个，所以我会去尝试”或者“我永远做不好这个，所以我不会去尝试”。这些话表明幼儿正在对自己进行评估，他们正在反思以前的经验，并根据这些评估来应对新的机会和情境。同时，他们也会努力解析自己在别人眼中的形象，这表明他们正在发展自我意识。因此，幼儿最初独立的自我评估对于其自我概念的发展至关重要，构成了他们发展自我概念的基石。

问：什么是自我概念？这是一个难以理解的术语。为什么有些孩子比其他孩子拥有更积极的自我形象，即使他们的能力远远不如其他孩子？

自我概念是幼儿在成长过程中对自己形成的总体印象。特别是在早期阶段，幼儿的这种印象受到周围“重要他人”反应的影响，这些反应不仅包括口头表述，更包括非口头的表达方式。幼儿会通过评估这些反应来建立自我概念。如果他们的评估准确，那就会与其他人对他们的认识保持一致，但有的幼儿可能会建立错误的自我形象，这会让旁观者感到惊讶。因此，有些早熟的孩子可能会认为自己很聪明，但实际上技能不足，而另一些有才华的孩子可能根本没有意识到自己的天赋，这就解释了为什么有些孩子比其他孩子拥有更积极的自我形象，即使他们的能力远远不如其他孩子。

教师需要认真倾听幼儿谈论自己，这样就能发现对他们来说什么是重要的。学龄前儿童通常会谈论一些可见的特征，例如，他们是男孩还是女孩，尽管有些 4 岁的幼儿仍然不确定这一点。他们会解释自己是“大”的，谈论他们住在哪里，或者介绍他们的宠物，即谈论具体的事物，而不是表述他们是否勇敢、善良或聪明，因为这些抽象概念对他们来说仍然很难理解。他们期望其他人知道他们宠物的名字以及家庭照片中每个人的关系，而不理解外人没有机会了解这些事情。幼儿的自我形象受周围人的影响，特别是受重要他人（如父母、教师、朋友和偶像）的影响。如果幼儿周围都是充满笑容的成人，有时间倾听、鼓励他并和他一起玩游戏，那么他的自我形象就更有可能是积极的。在事情出了差错或者幼儿因生病哭闹时，这种形象也可能会发生变化。但是一旦这些“障碍”被清除，积极的自我形象就会再次出现。

儿童的独立性和探索精神会对他们的自我认知产生影响。若儿童被过度保护或过分依赖成人，他们可能会形成“习得性无助”，失去运动、学习和应对挑战的内在动机。如果儿童的自我概念逐渐稳定，那么他们就会确认自己的早期形象。这解释了为什么早期教育环境在塑造儿童的态度和自我信念方面扮演着如此重要的角色。

自尊心的崛起

问：自尊心与自我概念有何不同？

自尊心和自我概念都涉及个体对自身的认知，但是它们具有不同的内涵和形成机制。自尊心是对自己价值的评价性认知，而自我概念是指个体对自身特点、能力、经历等方面的认知和理解。对儿童来说，自尊心的形成始于他们对自我价值的认知和评价，他们开始意识到自己在家庭成员和同龄人中的地位和能力存在差异。这些评价可能基于不准确的非语言线索，因此存在误判的可能性。儿童通过想象这些评价来建立自我形象，并逐渐形成自尊心。

理想自我

当儿童开始欣赏别人时，他们开始将自己与理想自我进行比较。他们可以意识到两者之间的差距，这可能会影响他们的自尊心。这种比较可以激励儿童努力缩小差距，如果这个差距看起来很大，他们可能会完全放弃尝试。这个过程与儿童的智力或认知发展阶段相吻合。

问：我们如何提高孩子的自尊心？

首先，试着从幼儿的角度看待问题。大多数年龄较小的儿童都希望适应不同的环境，并学习获得受成人重视的行为模式。但有时候，幼儿可能会发现这很困难。如果他们一遍又一遍地被成人视作“行为不当的人”，他们可能会感到受伤并退缩，或者采取“不在乎”的态度，完全不想努力改正自己的行为。因此，只要其他幼儿没有受到伤害，我们应该忽略幼儿轻微的不当行为，并表扬那些表现好的幼儿。如果观察一段时间并记录幼儿被叫到名字的次数，那么你可能会反思自己，并获得启发性信息。

基本的原则是给予幼儿大量的表扬（即使是在小事上），这是他们应得的。幼儿通常可以感知到不真诚的表扬，但他们总会有些行为（即使只是安静地站着）是值得被正面提及的。给予表扬并不是一件容易的事情。

给予表扬

乍一看，似乎只要告诉幼儿他们在某个领域做得很好，就能帮助他们建立自信。但实际上这比看上去要复杂得多。在 3 岁左右，儿童就开始进行自我评估。如果我们对孩子说他们在某方面很擅长，而他们认为自己并不擅长，那么这样的表扬可能并不会产生我们预期的效果。他们会意识到真实的情况。尽管如此，幼儿需要知道成人注意到了他们的优点，特别是在他们开始自我评估之前，他们确实是喜欢被表扬的。我们必须使用积极的语言进行评价，因为消极的评价无济于事，实际上可能还会对孩子造成伤害。父母也非常了解他们的孩子。也许指出孩子取得了什么成就，然后制订一个发展计划是最好的方法。这种方法适用于每个孩子，具体计划的内容因每个孩子的发展阶段和能力而有所不同。

对儿童的情感发展产生重要影响的第二个因素是成人给予表扬的方式。许多成人认为，当停下来倾听或看孩子的时候，给孩子一个贴纸或其他奖励，会让孩子高兴，而事实并非如此。虽然每个孩子都喜欢获得别人的认可，但许多孩子更喜欢低调、私下的夸奖，或者只是通过点头表示赞许。他们对公之于众的表扬感到压抑，甚至可能会限制自己的努力来避免被当众表扬。

给予奖励

同样，我们应该慎重考虑如何给予孩子奖励。孩子们可能一开始为了得到贴纸而表现良好，但随着时间的推移，他们的喜好可能会发生变化。因此，了解孩子真正喜欢什么样的奖励，可以带给他们更大的快乐，并强化他们的积极行为。成人最好提前询问儿童更喜欢什么，而不是假设我们知道他们的需求。特别是对于患有自闭症的孩子，了解他们的想法至关重要。比如在穆尔（Moore，2004）所描述的案例中，萨姆选择将观察洗衣店的滚筒洗衣机作为自己的生日礼物。虽然这样的奖励可能超出幼儿园的奖励范围，但萨姆的另一种选择——靠在暖气片上一段时间——则更有可能被接受。如果不询问幼儿的意见，教师可能永远都不会想到这些奖励。

性别概念和性别角色的发展

问：发展自我意识是否与性别有关？男孩和女孩在何时开始发展这种意识，这种意识带来的影响是否不同？在早期，我们试图平等地对待男孩和女孩，这种做法是否恰当？

幼儿逐渐认识到自己是男孩还是女孩，并且这种性别认同是永久的，即使发型有所变化或穿不同的衣服也不会改变。这就是性别概念。然后，通过模仿和角色扮演，他们学习与该性别相适宜的行为方式。这些行为方式被称为性别角色，不同文化中的性别角色差异很大，如女孩和男孩的价值观念以及他们被期望扮演的角色差异很大。在早期教育的关键阶段，教师需要深刻理解并尊重每名幼儿的差异，不在无意中贬低幼儿的文化价值观和传统。一项研究发现，性别角色刻板印象在全球范围内普遍具有一致性，这使处理相关的问题变得更容易。研究人员在28个国家开展了研究并发现，即使在2004年，各国人民也都认为女性“温柔、有同情心、机智、表达能力强”，而男性则被认为“有能力、逻辑性强、有主见和能够完成任务”。我想知道：是否有一些年幼的孩子会改变他们的行为方式，甚至在适应这种刻板印象时感到有压力？这样的压力可能带来什么影响？在早期教育阶段，我们试图平等地对待男孩和女孩，但这种做法是否恰当？

尽管近年来性别角色经历了重大转变，例如，父母均在职场中工作或父亲在家里担任“全职爸爸”，但 2 岁儿童似乎仍然默认母亲为承担家务的一方，如负责吸尘和洗涤等家务活。即使母亲在职场中工作繁忙，这种印象也依旧难以扭转。另一方面，一名 4 岁儿童可能坚信所有的医生都是男性，而忽视自己的母亲就是一名医生。因此，意识到儿童的这些“成见”很重要，它们为我们了解儿童的思想与行为提供了途径。

图 7.2 杰克享受着扮演舞者的经历

这些观点是关于儿童在不同社交环境中扮演的角色的补充，旨在探讨儿童对领导和合作角色的认知，以及扮演不同角色（如妈妈、爸爸或医生）的能力。这些能力可以在儿童的不同游戏阶段（独自游戏、平行游戏、合作游戏，甚至是社会性假扮游戏）中逐渐体现出来。随着幼儿意识到自己的性别，他们开始在头脑中形成这种刻板印象，并为不同角色赋予特定的行为。例如，“男孩是否应该玩洋娃娃？”就是一个值得思考的问题。一些 6 岁的儿童在被问及此事时回答道：“这不是像偷窃或打人那样严重的错误，但男孩玩洋娃娃总让人觉得不对劲。如果你选择不合适的玩具，别人会嘲笑你。”尽管幼儿园鼓励男孩跳舞和烘焙，但孩子们会根据性别来调整自己的行为偏好。

当然，这种性别刻板印象的形成也可能受到家庭环境的影响。即使是轻拍和微笑也是强有力的沟通方式。这些刻板印象加上儿童发展中的兴趣，是他们更愿意与同性别的同伴交朋友的原因——男孩选择男孩，女孩选择女孩。

问：这些小团体是什么时候形成的？不同团体间的行为方式有何不同之处？

有趣的是，男孩和女孩在 3 岁或 4 岁时就开始选择不同的玩具和玩伴，同时团体内的互动模式也不同。

麦科比和马丁（Maccoby & Martin，1990）将女孩们的模式描述为“使能风格”，其中包括请求和提出支持性建议，这些都是维持互动的策略。男孩则使用“限制性风格”，这源于他们尝试领导同伴、贬低他人的建议，如他们可能会说“那很无聊，我们不玩那个”。总体而言，男孩们往往夸夸其谈、好竞争，这可能解释了为什么有些幼儿很难持续参与游戏活动。敏感的幼儿可能会因团体文化中的负面评论而受到伤害，进一步退缩。

玩具游戏

问：为什么有些孩子因喜欢某个玩具而不能离开它？这反映了什么？这是否表明孩子存在不安全感？

通过观察幼儿如何选择玩具并与玩具互动，我们可以获得很多信息。我们可以看看这些玩具是被幼儿赋予了人格，还是它们只是被幼儿视作熟悉的物品（如同安抚物一样）。在一般情况下，幼儿会反复选择同一种类型的玩具，如男孩会选择轮子能转动的卡车，但是随着游戏的进展，这种偏好选择会逐渐减少。例如，一辆卡车开始可能仅用于在沙箱中修建道路，后来可能吸引另一名对卡车感兴趣的幼儿建造堤坝，或者用其运输物品和玩偶。

然而，另一些幼儿可能会一遍又一遍地重复相同的动作，如在耳边旋转车轮，并拒绝让其他孩子参与。如果这种单调的游戏行为持续存在，可能意味着幼儿的兴趣正在限制他们的游戏体验。

问：如果幼儿选择玩毛绒玩具（如泰迪熊）呢？

同样，我们需要观察幼儿是否为玩具赋予了人格。例如：它是否有名字？幼儿是否关心它，比如将它裹在毯子里并唱歌给它听？或者，它是否只是被看作没有人格、没有生命的玩具？

问：这意味着什么？

幼儿的某些行为可能暗示着他们拥有一些特定的挑战或需要。如果一名幼儿经常独自玩耍，避免与其他同伴进行眼神接触或互动，这些可能是沟通困难的迹象，与自闭症的某些症状相似，然而也可能有其他原因，如下所示。

①习惯独自游戏：有些幼儿可能更喜欢独自玩耍，因为这样可以更

好地探索他们的环境和玩具，或者他们可能觉得与其他孩子互动是一个挑战。

②将玩具作为屏障：对某些幼儿来说，玩具可能是一个舒适的屏障，帮助他们处理环境中的刺激，如他们可能需要拿着玩具来表明自己很忙，同时观察其他同伴在做什么，持有玩具可能给予他们安全感。

③健康问题：如果一个幼儿突然改变自己的行为，比如突然变得孤立或不愿与其他孩子互动，这可能是因为他身体不适或生病。在这种情况下，持有玩具可以是幼儿表达自己不想被打扰的方式。

在给出任何建议或评价之前，教师、家长和专家都应该进行细致的观察和评估，以确定孩子行为背后的真正原因。早期干预和适当的支持可以帮助这些孩子更好地适应环境，与同龄人建立有意义的关系。

交友：发展利他主义和同理心

问：观察到某个孩子无法参与游戏是最令人沮丧的事情之一。早期教育机构中通常会张贴“我们都是朋友”的标语，但有时一些孩子难以结交朋友。我们应该如何帮助这些孩子？

大多数家长希望他们的孩子能在幼儿园或学校里交到朋友。如果幼儿能建立稳定的友谊，那么他们在成长过程中遇到的伤害可能会减轻。但当幼儿没有交到朋友时，他可能会被孤立，这会令其心痛，让他不禁问自己：“为什么没有人想和我一起玩？”有时，答案可能并不明显，即便对经验丰富的教师来说也是如此。因此，研究幼儿的交友阶段可能是找到答案的关键步骤。

交友阶段从何时开始？

当我们询问 3 岁的幼儿“谁是你的朋友？”时，他们会微笑并说出一些名字，这些名字可能每天都是不同的。但是当我们问“你为什么喜欢他？”时，他们往往会耸耸肩或回答“他很高大”或“我不知道”。对于孩子来说，“高大”是一个从成人口中听到的表达赞美的词语，因此它渗透到了他们的思维中，但这并不意味着“高大”在这个阶段对幼儿来说具有“能够保护他人”或更微妙的含义。在幼儿很小的时候，他们对品质的描述往往是直接且表面的，遵循着“所见即所得”的原则。

但是在 4 岁或 5 岁时，幼儿会开始根据更全面的标准选择朋友：“他会和我一起骑自行车。”“他会在我需要时支持我。”尽管幼儿可能缺乏描述自己感受的语言能力，但外貌变得不那么重要了，个人品质（如忠诚和能力强）变得更加重要。

相互关照与关心是儿童利他主义和同情心发展的萌芽——即使需要付出代价，也愿意关心他人并对其表示同情。这种品质通常在两三岁开始发展，也就是幼儿开始和他人一起游戏的时候。当幼儿愿意分享玩具或欢迎其他需要帮助的同伴加入游戏时，这种品质正在发展。随着他们在游戏中的经验越来越多，他们越来越能够感知到他人的情绪，并通过提供支持或表达同情来做出回应。通常，这是通过解读非语言的信号来完成的，例如，觉察到低头耸肩、眼神避开的同伴感到焦虑或悲伤。因此，互相关照的能力对幼儿的社交发展和情感健康至关重要。

培养利他主义和同理心

艾森伯格（Eisenberg，1992）认为，培养利他主义和同理心对儿童来说至关重要，因为表现出利他行为的儿童能够有效地调节自己的情绪，面对新情境时表现得更积极或较少出现负面情绪，同时更愿意尝试新事物。然而，一些幼儿可能表现出过度的利他主义，以至于使同龄人不知所措。一些年龄稍大的幼儿会通过向同伴赠送物品来尝试建立友谊。尽管这种做法看起来有效，但赠送者一旦被拒绝或无法将物品送出，他们就会陷入困境。那么这些幼儿应该如何找到朋友呢？

比（Bee，2004）认为，找到幼儿共同喜欢的活动而非单纯关注个性差异，是帮助他们建立友谊的关键。这一点非常重要，让幼儿讨论自己的爱好或游戏是一个行之有效的办法。另一个有效的办法是与孤立的幼儿讨论如何加入游戏。例如，当游戏达到高潮、喧闹时，让孩子加入并参与，他便会被小组接纳。

然而，随着时间的推移，儿童在早期表现出的亲社会行为可能会发生改变。在最初的几年中，安慰另一个孩子被视为一种美好的行为，但在 6—10 岁的孩子中，这种行为似乎会减少。比较而言，年龄较小的孩子，特别是处于弱势地位的孩子，更可能向需要帮助的人捐赠物品。这是因为他们是利他主义者，并且在帮助他人获得快乐时感到愉悦吗？他们可能不像那些有更多玩具和衣服的孩子那样喜欢物质，或者他们可能没有意识到赠送东西意味着他们将拥有更少的东西？当然，这些都是合理的猜想。有趣的是，天生的内在直觉可能比家庭的抚养方式对幼儿的影响更大。关于领养儿童的研究表明，即使孩子是在婴儿期被领养的，其利他主义的行为也往往更符合原生家庭的背景而不是领养家庭的背景。

问：但是对于那些不愿意遵守规定的孩子呢？

那些孩子可能会扰乱整个幼儿园，反抗所有的工作人员，甚至可能会伤害其他同伴。在我看来，是时候考虑肢体限制的合理性了。儿童严重的攻击行为可能在某种程度上是“遗传”的，也与易怒和攻击性父母的行为有关。孩子们可能在家里目睹了家人通过攻击性方式来解决争端的情况，而未接受使用其他方法的指导。这些发现有助于教师开展有关儿童自我管理的课程。

在通常情况下，毫无预兆地攻击他人的孩子会不受欢迎，但是这些被拒绝的孩子试图通过攻击来解决自己的困境，可能是因为他们不知道还可以使用其他方法。另一方面，失控的孩子可能存在神经系统问题（如多动症）。他们可能会因为过多的神经递质刺激而产生奔跑、跳跃和喊叫的冲动，即使他们知道这不是恰当的行为方式。这提示我们，许多孩子在努力改变，但可能不清楚如何实现这一目标。

与兄弟姐妹一起成长：对情感发展的影响

问：孩子们的出生顺序是否重要？我经常听说处于中间的孩子很难过。

在兄弟姐妹的陪伴下成长对孩子们的情感发展有着深远的影响，而在学前阶段，这种关系变得尤为重要。早期的研究主要集中在出生顺序上，探讨了长子、次子和最小的孩子的个性特征和成就。研究发现，长子更具目标导向性和焦虑感，而后生子则更具备社交技能，更易受到他人意见的影响。但这种观点过于简单化，因为许多变量（如家庭收入和其他孩子的性别等），都会使情况更加复杂。新的研究提出了更复杂的问题，如：父母与兄弟姐妹之间的互动是否存在差异，以及这种差异如何影响他们之间的关系？在一项纵向研究（Bee，2002）中，研究人员发现，长兄或长姐经常会模仿家中婴儿的行为，如哭闹或要求喝奶，但当婴儿到了 1 岁时，这种行为就逐渐消失了。此后，年龄较小的孩子开始模仿年龄较大的哥哥姐姐，可能会表现出攻击或帮助行为。尽管兄弟姐妹之间会出现相互攻击和争夺玩具的情况，但随着每个孩子专注于自己的发展，这些冲突情绪会逐渐减少。

父母是否会对兄弟姐妹表现出不同的态度呢？尽管大多数父母可能会否认有任何偏袒，但幼儿对此的感知可能会导致其自卑或感觉自己比别人差。例如，一名沮丧的幼儿嘟囔着："就因为我哥哥坐轮椅，我们都必须听他的话。"显然，他对自己的想法感到内疚。但即使没有像这样极端的情况，父母的偏袒行为（无论自己是否意识到）也可能存在。

案例研究

杰克是一个敏感、温柔的男孩，而他的姐姐格蕾丝活泼且常惹麻烦。尽管母亲表面上会责备格蕾丝，但她使用的"你真淘气"等措辞却像是夸奖，这让杰克感到自己不够好，希望自己也能像格蕾丝一样。随着时间的推移，他积累了怨恨，特别是在他试图模仿姐姐的行为时，他的行为变得越来越不端。但是，与格蕾丝不同，他的行为被母亲视为恶意捣乱而非顽皮，母亲没有间接地微笑着批评他。没有人意识到杰克正试图寻找与姐姐平等的方法。他变成了一个不快乐、孤僻的小男孩。

因此，在养育孩子的实践中充满着微妙的细节，孩子们很快便能识别并受其影响。这些细节可能会影响他们的情绪状态，要么增强他们的信心，要么打击他们的信心。许多幼儿尝试改变，因为他们对自己的形象不满意，但往往不知道该如何做。当问题出现时，成人才会看到养育孩子的技能不足所带来的后果。

种族意识、身份和偏见

种族意识

问：我记得我的幼儿园里有一个非洲小女孩。虽然其他孩子都是白人，但他们似乎没有注意到任何明显的差异。那么，孩子们何时开始产生对不同种族的区分意识呢？

随着孩子们的成长，他们开始意识到头发、肤色、面部特征以及身材等方面存在的种族差异。在4—5岁时，孩子们开始能够认识到这些基本的区别。到了8岁或9岁，他们会意识到这些差异是永久性的，即使同一种族的人可能在衣着等外表上会有变化，他们也是同种族的。

种族认同

成人通常通过向儿童展示不同种族娃娃的图片，并鼓励他们识别与自己相似的娃娃来评估其关于种族认同的自我意识。然而，娃娃的面部表情或服装风格可能影响孩子的选择，因此最好使用多个娃娃或在不同情境下进行评估，以确保准确性。儿童需要知道自己的身份，并为自己家乡的文化遗产感到自豪。例如，来自纳米比亚贫困地区的幼儿欣赏本国的风景和野生动物，从而培养了民族自豪感。类似的经历有助于他们欣赏自己的文化和国家。早期教育机构正在努力纳入和尊重多元文化习俗，并向所有幼儿展示文化差异如何丰富我们的生活。

种族偏见

问：儿童从何时开始有偏见？

除非儿童表现出明显的行为，否则我们很难将他们的种族偏好与偏见区分开。4 岁的幼儿可能更倾向于参与同种族群体游戏，但并不会对其他族群产生负面影响。不同种族背景的儿童在一起游戏时，即使存在偏好，他们的行为也不会发生任何变化。相比之下，偏见意味着基于性别、残疾或种族对另一个人进行负面评价。这种现象在三四岁时很少见，但在五六岁时开始发展，幼儿开始认识到自己与他人的不同之处，并往往将负面评价与此联系起来。在电影《我们时代的孩子》（*Child of Our Time*）中，罗伯特·温斯顿（Robert Winston）展示了来自少数族裔的年幼儿童更想和哪些人玩。在多数情况下，这些人是多数族裔中的孩子。这是一个令人沮丧的现象，说明我们仍有很多工作要做。

问：早期教育机构采取什么措施来应对这种情况？

为了应对这种情况，现在大多数早期教育机构的从业人员都会努力了解他们所照护的所有幼儿的家庭背景和信仰，并庆祝各个文化群体的重要节日和特殊日子，以积极的方式扩展幼儿的学习（见图 7.3）。排灯节、圣诞节和中国春节，都会在课程中有一席之地，幼儿分享各种令人兴奋、非常不同的事物。家长们会来到早期教育机构与幼儿一起烘焙传统美食，并展示传统服装（如苏格兰裙和印度纱丽），或者分享中国灯笼或关于龙的手工艺品。这样的集体活动有助于幼儿尊重并欣赏彼此的文化差异。

文化多样性的重要性不容忽视，因为幼儿只有一个童年，所以早期教育工作者必须努力弄清楚所有复杂的理解和关系，这些理解和关系使幼儿成为他们自己。教师常常担心自己被他人认为偏袒某个幼儿，所以他们只能谨慎地对待每个幼儿，尊重每个幼儿，并为他们提供平等的教育和倾听机会。这并不容易做到。

图 7.3 制作风笛增加了庆祝彭斯之夜的乐趣

第八章

理解道德发展

随着幼儿变得更加独立，我们期望他们能够运用道德判断来辨别是非。在通常情况下，这需要他们依据成人普遍接受的文化规范进行判断。这些规范往往是幼儿内化的，通过观察父母的行为而非明确的解释来学习的。不同的社会群体可能会遵循不同的规范。如果我们希望社会有秩序，那么规范是必不可少的。但是，当幼儿依照规范行事时，他们是在做出道德判断，还是仅仅为了获得奖励或赞扬而遵循某种行为规范？我们应该如何教育他们成为“好孩子”？在合作、服从和强制之间是否存在什么微妙的界限？

在早期教育中，游戏是一个重要的焦点。这是孩子们的世界，他们通过游戏来发展、理解和学习所需要的技能。因此，成人应该帮助孩子们在游戏中学习适当的行为。一些研究者反对成人干预孩子的游戏，认为这是不道德的。科恩（Cohen，1990）是其中之一，他坚信成人不应该干预孩子的游戏。

“我们这些经验丰富的成人如何教孩子们玩呢？”他问道。他认为任何干预都会剥夺孩子的自由和所有权。“有些孩子会错误地认为成人更懂得如何玩，于是就听从了成人的意见，等待成人告诉他们该做什么。”他认为，这样的干预剥夺了孩子创造和想象的机会。“有些孩子会反抗，”

他补充说，“我希望他们这样做！”

在我的早期练舞生涯中，我深受老师教诲的影响，他们坚信技术精湛是成功的基石。他们强调，只有熟练掌握每一个动作技巧，我们才能在舞台上自如地表演。这种技术不仅保证了我们的安全，也为我们未来的职业生涯奠定了基础。只有技术熟练，我们才有资格被称为杰出的舞者。在我们的技术达到高峰之前，表演的艺术性很少被提及。

然而，我遇到的另一位老师有不同的看法。他认为，技术和表现力应该是同步发展的。他说：“从最初的每一个动作开始，技术都应该充满情感，这样当你跳舞时，你才能够真正地表达自己。”很多舞者在刚开始学习舞蹈时，由于过于关注技巧的完美性，而忽略了创造性的培养。当他们的技术已经达到了高水平时，他们发现自己缺乏艺术上的创造力，因为这种能力并不是天生就有的，也很少有人教我们如何发掘和培养。

这种情况真的适用于早期教育吗？我们是否可以在教儿童技巧的同时，激发他们的创意思维？如何平衡技术训练和自由创作，以确保我们在参与儿童的游戏时，既不限制他们的想象力，又为他们提供必要的指导呢？

问：在早期阶段，孩子们如何形成对错的观念？他们从哪里获得这些信息呢？

在考虑到道德判断时，提出引发幼儿深入思考的问题可能是最好的策略。例如：孩子们如何判断某种行为是“不恰当”的呢？这些判断是否受到他们所处环境的影响？比如，家长可能不允许孩子在客厅里奔跑和大声叫嚷，而在户外公园里这些行为是可以被接受的。再如，当一个孩子对另一个孩子说“你很胖”时，我们该如何评价这种行为？虽然大多数文化都不鼓励公开评价他人的体形，但在某些情况下，尤其是在对话中表现出关心和关注时，这种直接的说法可能会被视为诚实。

对于成人来说，他们可能会因为担心孩子的健康而对孩子的体重表示关心，但他们可能会选择不与孩子讨论这个问题，并认为肥胖只是暂时的现象，或者担心讨论这个话题会伤害孩子的自尊心。然而，这样做可能会使孩子错过了解和改变自己身体状态的机会。

因此，当面对道德问题时，我们很难找到一个绝对正确的答案。在大多数情况下，需要考虑背景、文化、情境和个体的情感需求。让孩子们提出并思考这些问题，而不是直接给予答案，可以帮助他们发展批判性思维和道德判断的能力。

有些家长可能已经为孩子的道德发展考虑了很多，但在有压力、疲劳甚至溺爱的时候，他们可能会缺乏时间或精力来坚持自己的原则。因此，孩子们接收到了混淆的信息。如果不同的家长对孩子应该做什么有不同的看法，那会怎样呢？孩子们很快就会学会让不同的家长相互博弈。但这难道只是家长的问题吗？我们在早期教育阶段是否经常要求孩子们按我们的话做而不是效仿我们的行为呢？

其他家长则认为任何压制都会破坏孩子的自由精神，并相信孩子能够成功地为自己制定道德准则。他们认为，在孩子能够做出道德判断之前，完全的选择自由是必不可少的。不同的群体向孩子传递了截然不同的生活方式信息。此外，在另一种环境中，这些孩子可能会因为遵循或不遵循家庭规范而受到评判。

问：孩子们如何学会判断对错？

如何让幼儿学会判断对错是一个重要的话题，其中非常著名的研究者有科尔伯格（Kohlberg，1969）和皮亚杰（Piaget，1932）。皮亚杰认为，在早期发展阶段，幼儿的思维主要受限于具体感知，他们更多地关注可以直接看到和听到具体的事物，还不能理解抽象的概念，如很难识别他人的意图。因此，他设计了一个实验来验证这个理论。该实验旨在探究幼儿在进行道德判断时是否考虑到行为背后的意图。具体而言，皮亚杰向一组幼儿讲述了两个简短的故事，然后询问他们的想法，以此来探究幼儿何时认为意图是对结果的一种促成因素，从而影响他们对所做事情的判断。

故事 1

一个叫约翰的小男孩在自己的房间里玩耍。当他被叫去厨房吃晚饭时，他没有注意到门后隐藏着一个托盘，上面摆放着 15 个玻璃杯，他一下子就把托盘上的杯子全部碰碎了。

故事 2

一天，当妈妈不在家时，一个叫亨利的小男孩爬上椅子，想从上面的橱柜里拿一些果酱。但他够不到，当伸手取果酱时，他不慎滑倒了，把架子上的一个杯子摔碎了。

幼儿被问道："哪个孩子更调皮？" 你认为是约翰还是亨利？

两个故事中的小男孩——约翰和亨利，都犯了错误，但他们行为背后的意图是不同的。当被问及谁更调皮时，5 岁的幼儿认为两个孩子都很调皮。然而，对于惩罚，5 岁的杰克认为打碎了 15 个杯子的约翰应该"多挨几个耳光"，而 7 岁的蒂根认为亨利"知道他在做错事（是故意的），应该被打"。9 岁的盖尔则更注重找到真正的"罪犯"。这表明幼儿在判断对错时，会考虑到行为背后的意图和动机，而不只是结果本身。

皮亚杰的研究也支持这一点，即幼儿能够理解隐含的意图。但是，成人具体的教育方式可能会对幼儿的判断力产生影响，如他们是否被鼓励合理化自己的思想和行为。因此，教育者需要关注培养幼儿判断力的方法和具体策略。

问：当我们谈论孩子应该如何成长时，我们可能会回想起自己的经历，并尝试提取好的部分，避免谈及我们在家里犯过的错误。但是，我们每个人只有一次生命经历，可能与另一个人的经历非常不同。我们如何知道还有什么因素在起作用，以及对于以不同的标准培养孩子的人来说有什么影响？

育儿方式因人而异，每个人的经历和教育背景都不同，对于如何培养孩子可能会有不同的看法和做法。因此，我们需要考虑到不同的文化和教育背景对教育方法的影响，并避免过于强调个人经验的普适性。此外，研究可以帮助我们更好地了解教育方法的影响和有效性，而实践则需要不断尝试和调整。最终，我们需要通过不断学习和反思，提高自己的教育能力。麦科比和马丁（Maccoby & Martin，1990）提出了四种不同类型的育儿方式。

专制型父母

专制型父母坚持高度的控制，而缺乏温暖和回应。他们只关心幼儿该做什么，而不愿意倾听幼儿的声音。在这样的家庭环境中，幼儿只是被指示去做某些事情，而没有任何的解释或自主权。父母通常认为这种严格的纪律可以鼓励幼儿保持高标准。但是，如果在早期教育中缺乏灵活性，孩子们就很难做出决策或者想象他们的行为可能带来的后果。此外，幼儿可能会因为缺乏自主权而变得困惑和无助。另一方面，他们可能变得吵闹、具有攻击性和失控。通过打骂幼儿来强迫他们服从的父母，大多属于这种专制型群体。

放任型父母

放任型父母过度强调照顾和保护，但缺乏对孩子成熟度的要求、控制和沟通。这种教育方式下的幼儿可以享受很大的自由，但是缺乏适当的指导。当不能按照自己的意愿行事时，他们不知道如何在不同的环境中做出恰当的行为。溺爱或过度放纵的父母可能会发现他们的孩子表现出攻击性。当孩子们必须按照指示去做事情时，他们通常不愿承担责任，并且可能在学校里表现不佳。

权威型父母

权威型父母采用一种平衡的教育方式，研究表明这种方式可以培养出最可靠、自信的孩子。父母掌控着家庭，并对孩子的需求做出回应，使孩子感到安全，孩子知道他们可以提出问题，并能获得周到细致的解释。道林（Dowling，2004）解释说，这种方式下的关爱和支持是基于理解的“正确”的行为，她认为：“与父母处于这种关系中的孩子，会想要表现出让父母满意的行为。”然而，随着其他人（如同伴群体）取代父母和教师，成为孩子生活中的“重要他人”，这种情况可能会发生变化。

忽视型父母

受忽视型父母的影响，孩子很可能会表现出攻击性和敌对性。这种现象可能是由父母心理上的无能为力导致的。父母可能会沮丧、生病或者对抚养孩子的困难感到不知所措，从而在心理甚至身体上“逃避”。这种行为可能会对孩子造成长期的心理影响。孩子很可能会在人际关系方面遇到极大的困难。随着年龄的增长，他们可能会依附于其他被忽视或被拒绝的孩子，从而组成反社会群体，因为他们能找到心理的共鸣。

道德推理和道德行为

问：在照护来自不同家庭和社区背景的孩子时，幼儿教师如何理解道德发展的复杂性？

道德发展是一个复杂的概念，其中包含相互依赖但并不一定总是同步发展的两个方面。

第一个方面是道德推理，它关乎我们如何判断一种行为是对的还是错的；第二个方面是道德行为，它关乎我们的实际行动。虽然这两个方面都是道德发展的组成部分，但它们之间存在差异。例如，一个孩子可能知道偷别人的糖果是错的，但诱惑可能太强了，偷拿行为还是会发生。在这种情况下，孩子的内心感受可能因道德推理阶段和家庭环境的影响而有所不同。如果孩子被教育成随心所欲的人，那么他们对所做事情的看法将与那些知道父母不会赞成拿糖果的孩子不同，尽管如此，后者可能还是会拿走糖果。另一方面，有些孩子虽然可能会正确行事而拒绝享用糖果，但会因受到良心的约束而感到沮丧。

不同父母对孩子的行为可能有不同的反应，这在史密斯、布莱兹和考伊（Smith，Blades，& Cowie，2002）引用的两个案例中表现得尤为明显。第一个案例发生在英国，学步儿杰米·巴尔杰被两名 10 岁儿童杀害；公众称杀害杰米的凶手是“邪恶的”，他们的强烈抗议表明，应该把凶手长期监禁起来以作为惩罚。第二个案例发生在挪威的 6 岁女童西耶身上。在挪威，西耶的母亲展现了非凡的宽容和同情，她发现自己无法憎恨那三个杀害她女儿的孩子，因为她认为凶手也是孩子。这两种截然不同的反应表明了人们对儿童何时应该为自己的行为承担道德责任有不同的看法。后者可能更强调宽容、理解和重视重建的社会价值观。在这种背景下，责任和宽恕之间的平衡被视为一个关键元素，可以帮助人们在发生悲剧后继续前行。

这两种不同的反应都有其合理性，取决于文化和社会背景。对于孩子们的发展，家长和社区的宽容及理解可能提供了一个有利的环境，让孩子们理解、反思并学习从错误中成长。而严格的惩罚措施可能会导致更多的恐惧和分裂，影响孩子们的自由成长和社交互动。

总的来说，处理这种复杂情境的关键在于理解、平衡和教育，而不是仅仅依赖惩罚或宽恕。每个社会和文化都必须找到自己的平衡点，确保孩子们在一个安全、支持和理解的环境中成长。

案例研究

卡莉讲述了她的经历：

> 我们已经尝试了几乎所有的方法来让乔希表现得好一些。他是个聪明的男孩，总是渴望得到关注。问题在于其他孩子知道他是个调皮鬼，会引诱他去捣乱，并乐于看到他被责骂。他看起来对此并不在意，只是耸耸肩，仿佛很享受这种关注，责骂对他没有任何效果。有人建议我们减少叫他名字的频率，于是我们尝试了这个方法。我们甚至尝试忽略他做出的那些不伤害其他孩子的坏行为，但这几乎没有什么效果。因此，下一步是赋予他责任，并让他知道自己很重要。“乔希，我们选你来检查故事袋里是否有所有的书和玩具。”我们说。立刻有一片哀号声。“我想做那个，我整天都表现得很好，”阿兰娜喊道，“为什么他可以做？他是个坏孩子！”

教师如何向幼儿解释惩罚不总是与罪行相称？这些策略在幼儿很小的时候会起作用吗？什么年龄段的幼儿可以被认为具有道德责任？这些都是棘手的问题。万幸的是，即使处于条件极度不利的家庭环境中，孩子们也不得不学习一些街头生存技能，其中大多数幼儿不会伤害其他人，至少不会严重伤害其他人。但是许多孩子必须反复理解什么是可接受的行为，如果他们的行为威胁到其他人，那么他们就必须被限制甚至被排斥。即使是在这个年龄段，一些幼儿也会欺负其他孩子，偷窃或破坏他人的劳动成果，显然他们没有经过思考，甚至从恶意行为中获得乐趣。然而，还有一些孩子，不管处于多么不利的条件下，都非常关心别人，并愿意毫无保留地分享自己所拥有的一切。

凯在非洲的经历进一步探讨了道德和伦理的深层问题：虽然我们的意图是好的，但是我们的援助行动是否总是适当的，以及是否总能带来预期的正面效果？

主题讨论

凯是一名医学生，她在假期去了非洲的一个艾滋病儿童收容所。这里的艾滋病儿童虽然在物质上十分匮乏，但他们可以分享一个破旧的足球，在沙滩上快乐地踢球。他们是纯真和无私的。所有孩子都参与其中，没有划分队伍，或将某个孩子排除在外。这些孩子不需要担心被挑选，只需要加入其中。没有比赛规则，但当球从两根插在沙里的竹子中间穿过时，所有人都会鼓掌和欢呼，孩子们会感到非常开心。

凯对一个小男孩说："你穿的衬衫真漂亮。"小男孩立刻尝试脱下衬衫并说："你必须拿走它，因为我爱你。"但这是他唯一的衬衫。

凯觉得这里太简陋了，于是她决定筹集资金给孩子们送玩具。

> 但这些玩具会不会让孩子们认识到物质更重要呢？所有的孩子还会微笑吗？
>
> 向前推进的最佳途径是什么？

如果孩子们要发展道德推理，并逐渐建立价值观，那么他们需要通过更多的行动来思考，并决定做什么和如何做。他们必须能够预见自己行为的后果。

当凯决定为孩子们筹集资金并寄送玩具时，她的意图无疑是好的。然而，这一行为可能给这个小社区带来意想不到的后果。将物质主义引入一个以简单生活和无私相处为特点的社区，可能会对幼儿的关系和价值观造成深远的影响。

但这并不是说帮助那些在物质上贫困的人是错误的。问题在于我们应该以什么方式提供帮助，以及我们是否真正考虑了这种帮助可能带来的长期后果。在援助的过程中，我们应当考虑文化、社会和经济的背景，确保我们的行为能够真正帮助那些需要的人，而不是对他们产生负面影响。

在教育和培养幼儿的过程中，我们必须教他们如何进行道德思考，帮助他们树立自己的价值观并增强判断力。当家庭、社区和教育机构提供一致的教育和指导时，孩子们更容易形成稳定的道德观和伦理观。

问：孩子们的年龄如何影响他们的行为？

皮亚杰（Piaget，1932）根据自己对儿童如何解决道德难题的研究，区分了三个与年龄相关的发展阶段。他声称：在第一阶段，在 4 岁或 5 岁之前，儿童无法理解游戏规则；在第二阶段，儿童认为规则来自更高的权威（成人）且不能改变；第三阶段是在 9 岁或 10 岁时，儿童能够协商规则并在组内达成共识后调整规则。

皮亚杰的阶段理论曾受到一些批评。有些人认为他使用的测试语言不适合儿童，一旦调整测试语言，儿童就可以在更小的年龄取得更高的成就。此外，其他研究者在重复他们的测试时也发现，通过成人的解释，儿童可以在更小的年龄展示自己的成就。然而，皮亚杰是第一个提出儿童发展阶段或成熟理论的人。他所讨论的并不是儿童对教学的反应，而是儿童过去的成长环境与现在大不相同（这是我个人的看法）。尽管存在这些批评，他的工作对于想了解儿童发展的父母和教师来说仍然具有重要意义。

在 4 岁或 5 岁时，儿童可能像学习机械操作一样学习行为规则。他们可能会接受它们，就像死记硬背一样，而没有意识到或问“为什么”。当他们受挫时，他们可能会感到沮丧和失望，却无法提供可接受的替代方案。此外，他们可能有几套适用于不同环境的规则，并在不同的情况下选择遵循或忽视这些规则。只有当他们达到能够综合考虑影响并做出适宜行动的年龄时，他们才能独立做出道德决策。

问：这似乎意味着孩子的行为不重要，这是正确的吗？

这当然不正确！在儿童形成价值观，学习合作、分享和信任的关键时期，他们的行为至关重要。在这个时期，儿童比其他时候都更快地学习，榜样可以帮助他们理解正确的道德方式。我们希望这些方式能够帮助他们在未来面对困境。

父母分离、近亲或喜爱的宠物死亡是两种创伤性事件。在这些不愉快的事件“闯入”幼儿的生活之前，教师该如何支持他们的发展？

问：父母分离对孩子来说是很可怕的事情。我们应该如何帮助孩子应对这种情况呢？

父母之间的冲突和分离，对孩子的心理和情感发展都有深远的影响。当这成为常态时，焦虑就会渗透到他们的童年，并转化为他们在社交、学业和其他生活领域的困难（Katz & Gottman，1993）。孩子们可能会对自己的未来持有疑虑，担心自己的人际关系是否也会像父母那样失败。他们可能会变得更加孤立，因为害怕再次经历失落和受伤，从而避免与其他孩子建立深入的关系。

对于年龄较小的孩子来说，他们可能会通过具体的行为来表达自己的内心情感，例如尿床、丢三落四或反复问关于父母的事情。对于年龄稍大的孩子来说，他们可能会逃离家庭，与行为不良少年结交，或者沉迷于电子游戏和其他逃避现实的方式。父母必须了解孩子这些行为背后隐藏的情感，并尽量为孩子提供稳定和支持的环境。在离婚或分居的情况下，父母应该确保孩子明白，尽管父母的关系结束了，但他们对孩子的爱和关心不会改变。此外，父母应该避免在孩子面前争吵和抨击对方，以减少孩子的困惑和焦虑。无论发生什么，父母都应该确保孩子知道自己是被深爱和珍视的。与心理健康专家或咨询师合作，有助于家长处理复杂的情绪并为孩子提供必要的支持。

戴维斯和卡明斯（Davies & Cummings，1994）发现，在他们的研究小组（研究对象为 4 岁和 5 岁的儿童）中，经历父母分离事件的儿童到 9 岁时仍然会存在情感创伤。据这些儿童的教师反映，与同龄和社会地位相似的其他孩子相比，这些儿童表现出更多的反社会行为。因此，父母分离对儿童的影响可能是深远而持久的。

研究发现，这种影响因儿童的年龄而异，年龄越小的孩子受影响越小，因为他们不太理解离婚的含义。他们可能不会意识到这样的决定是无法改变的，他们认为离开的父亲或母亲晚些时候会回家。而当他们预期的情况没有发生时，他们可能会陷入自责，认为自己是父母分离的原因，这种内疚会伴随他们很长时间。尽管自责是不必要的，但这对孩子来说仍然是非常痛苦的，尤其是当他们无法向父母倾诉或得到安慰时。

离婚还可能带来物质上的困难（涉及搬家和资金短缺），这可能会导致父母经常争吵。没有工作的父母可能不得不去找工作而无法照顾孩子，离婚也可能意味着孩子与爷爷奶奶或外公外婆失去联系或日渐疏远，这些可能会让孩子产生更多的痛苦。祖辈们可能会帮忙照看孩子，甚至在经济上提供帮助。在极端情况下，如果孩子被认为是造成不和谐的原因，他们可能会受到虐待。如果父母从权力斗争的角度来看待关系，那么孩子会经常感到紧张。研究表明，有继父母的孩子也可能受到虐待。为什么会这样呢？这可能是因为继父母不喜欢没有血缘关系的孩子。虽然大多数继父母都非常努力地想要融入新家庭，但他们尝试的一些策略可能无法奏效，因为孩子们将家庭的新成员（可能是祖辈）视为外来者，甚至认为他们是其原生家庭分裂的原因。

虽然教师向孩子们保证早期教育环境将保持不变，而且有充足的师生交流的时间，但教师仍会感到无所适从。教师往往不知道该说什么、给予什么建议、怎样做才能把负面影响降到最低。下面列出了不同研究报告中给予父母、看护人和教师的建议。

- 当家庭结构发生变化时，幼儿园生活常规的稳定性变得尤为重要。例如，每天的起床时间、用餐时间和睡觉时间应尽可能保持不变。保持常规可以给幼儿安全感。
- 建议拥有孩子抚养权的家长尽量保证自己的生活质量，如继续参加自己离婚前喜欢的活动，并保持广泛的交友圈。这样有助于保持良好的家庭氛围。一个积极的影响就是幼儿不会感觉被孤立。
- 建议教师倾听幼儿的想法，但不偏袒任何一方家长。教师必须记住，幼儿可能会因为不了解事情的来龙去脉而有偏见。此外，如果教师责怪幼儿的父母，幼儿可能会想要为其辩护，而不管是否应该归咎于他们。教师需要与抚养孩子的一方家长保持联系，保持积极的态度。在这个阶段，任何怀疑都会破坏双方关系中的信任，这种信任至少可以弥补家庭中失去的部分信任。

最终运用什么策略取决于教师对儿童个体及其家庭，以及他们所处的社区环境的了解。儿童早期的环境是他们开始建立关系的地方，因此，教师应该花时间去处理这些复杂的问题，因为父母分居或离婚几乎对每个幼儿都会产生直接或间接的影响。

应对丧亲之痛

问：如何为正在经历丧亲之痛的儿童提供支持？

教师需要了解每个家庭的具体情况和想法，考虑幼儿想要知道多少信息，以及他们可能提出哪些问题。教师可以通过阅读相关文献或咨询其他经验丰富的教师来获得相关信息。

问：当朋友或宠物去世时，孩子会怎么想？

成人通常知道死亡是不可逆的，会降临到每个人身上，因此，他们通常会非常悲伤。但是，幼儿有不同的观念。比（Bee，2002）解释道，“学龄前儿童认为死亡可以通过魔法、祈祷或幻想来逆转”，或者就像故事书中的公主一样，王子之吻能够将其唤醒。他们还相信自己的家庭成员可以避免死亡。

许多孩子认为“小孩子不会死——只有真的老了或者生病才会死亡”。这种观念可以帮助临终或生命垂危的儿童保持良好的状态。例如，一个癌症晚期的 5 岁幼儿说道：“如果我吃药，我就能在下个学期回到幼儿园。”

理解孩子们的这种观念很重要，应避免向他们提供过多的信息，因为信息过载可能会使他们感到困惑。与家长讨论他们希望教师如何与幼儿交谈是至关重要的。对于这个观点，有的家长存在不同的看法。例如，一位妈妈说："不能提到他祖母去世的事情，因为当他在幼儿园时，我希望他能忘记家里的所有悲伤。"另一位妈妈则认为："我认为处理死掉的仓鼠的方式，如埋葬它、唱一首特别的歌曲、举行一个小仪式，有助于我的孩子理解死亡。她会知道难过是正常的，而且保持交流是有益的。她知道自己可以问问题，但当她问仓鼠去了哪里以及什么时候会回来时，这是可怕的。"（Collins，2005）

不同文化中的人对待死亡的态度存在巨大差异。在一些北美文化中，幼儿学到的是，死亡是一个需要保持冷静和庄重的时刻。人们认为死亡是"自然循环的一部分"，因此并不畏惧死亡。但是，理解这一概念并将之融入现实可能需要时间。在早期教育机构中，教师必须倾听和支持幼儿，甚至是幼儿的家庭成员。

第九章

理解智力发展

虽然不少专家与家长重视儿童的全面发展，并且逐渐意识到儿童各方面发展的交互作用是如何对学习产生益处的，但大部分人倾向于将社会性、情感、道德和运动技能的发展视为智力发展的基础。这很可能取决于他们对早期教育和教育目的的看法。有些人认为教育是工具，教育目的是教会人们找到工作的技能，从而使他们达到良好的生活水平。持有这种观念的专家或家长认为数学与读写能力是儿童发展的重要方面。相反，有些人则拥有更广阔的视野，希望自己的孩子富有想象力和创造力，善于发现与欣赏身边的“美好事物”。这是一种更具表现力或审美力的价值观。他们渴望将音乐、戏剧、美术和运动置于儿童发展的首位。

当然，这两种思维方式并不相互排斥。早期教育专家与学者重视这两种立场下儿童的智力学习潜能，并致力于实现二者之间的平衡，其中涉及以游戏为本的课程。

对此，教师同样需要解决一些棘手的问题。

问：当你关注儿童的智力发展时，你希望他们能够掌握或习得哪些知识与能力？

- 掌握基本的数数能力（知道数字1—5）。比如：数一数水桌旁幼儿的数量，或者面包店里面包的数量。

- 能够识别颜色，至少认识基本的颜色。4 岁的幼儿能够认识混合色，知道几种颜色如何组合成另外的颜色。他们能在适当的时机（如当树开花的时候）了解到更多奇妙的颜色（如淡紫色）。
- 能够画出圆圈和图案（即掌握前书写技能）。例如，一部分幼儿想写下自己的名字，而另一部分幼儿想学习控制铅笔或画笔。
- 听一个故事，能够记住或预测故事（如《三只小猪》的故事）的发展方向。
- 用击掌的方式拍出曲子或童谣的旋律。
- 能够遵循常规，变得更加独立。
- 能够记住一些事情，不必再三询问。
- 能够在一段时间内专注于一项任务（例如，将珠子按大小或颜色排列，然后将它们穿起来）。幼儿需要意识到他们正处于创作的模式。
- 尊重文化差异（如节日、饮食习惯、穿衣方式）以及其他儿童。
- 懂得应该如何爱护环境（例如，照料花园里的植物或者观赏野生动物的行动轨迹）。在室内，能够意识到整理与回收的重要性。
- 知道应该选择哪些食物来维持身体的健康，并在点心时间享用这些食物。
- 能够清楚地识别自己的名字和部分字母（如“s”和“t”）的发音。
- 能够记住需要转达给父母的通知。
- 能够知道是谁在养育他们，并为独立做好准备。
- 能够在不同区域进行角色扮演，例如，在医院区当护士或当消防车司机。

图 9.1 和图 9.2 呈现了儿童学习和游戏的场景。

图 9.1　学习可以是一种多感官的体验

图 9.2　唱歌与打击乐器有助于儿童把握节奏和韵律，同时获得许多乐趣

上述关于儿童在早期教育阶段应该知道或能够做什么的描述似乎表明：课程内容是事先设定的，教学也是根据一套预定的目标进行的。虽然这些标准确实对教育计划有一定的导向作用，但我们仍然需要把握好平衡。这里的平衡是指，在预设的课程目标（目标引入的时机、儿童与材料的互动，以及学习经验的准备情况）与儿童自行决定想要学习的主题之间的平衡。此外，儿童的发展速度以及达到最佳学习效果的方式各不相同，而且他们大多来自截然不同的早期教育环境。关于何时以及如何引入新经验的问题是教师时常探讨的内容。为了与这一年龄阶段的儿童相适应，早期教育课程需要通过游戏的方式让儿童获得学习与发展。

问：在我们制订教学计划之前，一定有不少问题值得思考吧？

其中重要的问题包括：

- 处于早期教育环境中的儿童有哪些已知经验？
- 儿童的哪些能力已在发展进程中？
- 什么样的学习经验能够使儿童在达到目标或获得能力的同时激发其内在潜力？
- 有哪些值得我们关注和分析的经验迁移方式？
- 在日常生活中，儿童是如何发展能力的（比如，通过整理公共物品或个人物品）？

语言学习

问：儿童语言发展的早期标志是什么？

早在 1 个月或者 2 个月大的时候，婴儿就会咯咯笑，发出咕咕的声音。有时候，我们可以听到他们在不同水平和音高上发出这些声音，还会因此乐得咯咯笑。在 9—12 个月大时，婴儿对语言的尝试将发展为单音节的牙牙学语，即重复同一个音节，例如“da-da-da”或“ma-ma-ma”。父母通常会被儿童早期的这种语言方式吸引，而这种方式实际上是在为下一阶段的语言发展做准备，即“乱语”（jargon，通常称为含混不清地说话）。婴儿在乱语时，会用听起来像句子的语调把不同的音节串在一起。通常成人会以游戏的方式将这些内容重复给婴儿听，这就是语言发展中话语转换的基础。如果话语转换对于 3 岁的儿童来说有难度，那么成人可以通过躲猫猫之类的游戏，帮助儿童建立“先说后听”的意识。

非语言交流

当然，儿童并不依赖声音来表达他们的需求。非语言的交流方式能传达儿童想要表达的大部分信息，有人说这种交流方式几乎传达了 90% 的信息。想象婴儿把手伸向一个最喜欢的玩具，做攥了又松、松了又攥的动作，并且可能伴随着啼哭，这毫无疑问地表明了婴儿想要玩具的需求。因此，婴儿在会说话之前就可以交流他们的想法了。

语言理解

问：婴幼儿在什么时候能够真正理解他们所听到的词语呢？

语言接受能力是一种对语言的理解能力，形成于儿童发展表达性语言之前。它在婴儿 9—10 个月大时开始萌发。到 12 个月时，婴儿预计能够理解大约 30 个单词。而到 13 个月时，婴儿的语言处于高速发展的阶段，他们能够理解大约 130 个单词。因此，尽管婴儿不会用语言表达，但他们正在学习语言的所有发音和语调，而且丰富多样的语言环境会对儿童的语言发展有益。

第一个词语的出现

儿童一般在12—13个月大时说出第一个词语。它可能是儿童虚构的词语，而不是成人公认的词语。直到大约18个月时，儿童说出的仍然是单个的词语。初学走路的儿童经常把一个单词与手势结合起来，以更清晰地表达自己的意思。当他们想表达“这里有爸爸的鞋子”时，他们可能会指着一双鞋说“爸爸的”。这表明他们的理解力比他们的表达力发展得更快。

有趣的是，那些与父母同样失聪的孩子也会与健康的同龄人按照同样的速度经历语言发展的初始阶段。在12个月左右，他们会做手势，比如会把想象的杯子举到唇边来表示口渴。父母失聪但听力正常的孩子与那些出生在非听力障碍的家庭中的同龄人在相同阶段发声。但他们所拥有的口头交流机会可能比其他孩子要少得多。

儿童语言发展的高峰在18个月左右出现，这时儿童使用的大多数词语是“命名的词语”，如“小狗”“汽车”“帽子”等。少数儿童会有自己的表达风格，他们会在早期的句子中用中介词来表达社会关系，如“我想要妈妈”，而非以给事物命名的方式来进行表达。这种表达模式听起来比命名或指称的方式更高级，但实际上它们的区别在于思维方式的不同。这也提醒着教师在确定发展常模时注意个体的差异性。

问：给婴儿读书是非常重要的，即使故事中的词语看起来很难，是吗？

在儿童年龄较小时，“共读”极为重要。因为在这个过程中，儿童会意识到：纸上所见即当下所闻。大约在9个月的时候，婴儿会开始指物命名，或者询问它们叫什么。更善于表达的婴儿会希望你向他们解释“这是小女孩的洋娃娃”，即解释社会关系，而不是只告知他们一些名词。

问：我听说过“妈妈语”，那是什么？

“妈妈语”，现在被称为“婴儿语”，是母亲用来与婴儿简单交流的重复性语言。父母倾向于用更高的音调和他们的宝宝说话，这似乎会引起宝宝的兴趣，能够让他一直听下去。所以儿童对简单句子的内化是通过重复和模仿实现的。

句子的表达

30 个月大的儿童拥有的词汇量大约是 600 个词，5 岁儿童拥有的词汇量大约是 15000 个词，并且每天增加 15 个新词（Pinker，1994）。儿童说出的第一句话会很短，通常被称为“电报语”。但渐渐地，词形变化将与介词、复数、过去式一同出现在儿童的句子中，比如“我去了幼儿园”（I wented to nursery）。而类似“-ed”这样的附加式构词法将逐渐减少，这有力地证实了一种说法：即使儿童以前从未听过这样的用法，他们也可以探索出自己的语言结构。

当学龄前儿童收集大量事物的名称时，他们将经历一段被称为“命名爆炸”的阶段。他们会对事物指指点点，好奇地追问事物的名称。这种情况将先于儿童对物体进行分类或归类（数学学习发生的最初迹象）。

尽管儿童语言习得的过程还没有被完全揭秘，但儿童“在几年内就能掌握复杂多样的语言用法”这一科学事实，简直就是奇迹般的事情（Bee，2002）。当我们听到 3 岁的幼儿辩解、撒娇和表达诉求时，我们只能表示同意。

问：儿童如何发展数学思维？即使是3岁的儿童，有时也能从1数到10甚至数到20。

在这个阶段，儿童通常只是机械地复述这些被成人鼓励背诵的内容。儿童喜欢数字的发音，显然这是一件好事，但这并不意味着他们对自己所说的内容有任何真正意义上的理解。虽然说出每个物体相应的数量略显困难，但是儿童需要掌握“指物说数（点数）”的能力。我们会发现他们的命名技能突然消失得无影无踪。因此，我们在早期教育阶段应该先让儿童做选择和判断，例如：让他们在点心时间选择2种食物，或确定在水桌旁是否有3个人。然后，他们会看到这些数字在发挥作用。同时，很多数字歌曲也很受孩子们欢迎，它们将无形地向儿童传递数字的重要性。

一些研究者建议，年龄较小的幼儿应该多使用较小的数字，并学会从1到5正着数，再从5到1倒着数。如果他们把每个数字分配给每个积木或汽车玩具（具体的物体），那么他们将开始理解加减法的基本原理。有一个很好的理解性测试就是：将5个衣夹或小玩具摆出来，然后对幼儿说“请拿2个给我”。

问：数学不仅仅是数数，不是吗？还有哪些活动有助于儿童数学能力的发展？

有许多活动能够提升儿童的数学能力。例如：在鸡蛋盒里装满一些小物件，将在视觉上帮助儿童理解数字6；预估一个篮子里能够装多少苹果，能够促进儿童对容量的学习；给儿童提供一些大小不同的水壶，让儿童用它们进行倒水实验，将有助于他们理解物体的体积。认识圆形和正方形等形状，有助于儿童理解二维图形甚至三维图形；即使是涂色也需要儿童对方向与力度进行思考，这涉及儿童的数学认知。事实上，分析任何早期教育活动，教师都能发现儿童对数学的学习。在盛水的托盘里吸水，找到让液体快速或缓慢流动的方式；在烘焙桌上测量与称重；在工艺桌上给每个幼儿发一条围裙——这些都是引入数字概念的巧妙方式。

数学语言随着儿童体验一系列活动、听见一系列指令或问题（诸如“倒更多的水”“我们需要多少勺子？”“让球停在圆圈内”“把针穿过珠子”等）而发展。对比分析也是一种有趣的学习方式，有助于儿童加深对数学的理解。例如，在一项需要通过滚动橡皮泥来增强幼儿手指力量的活动中，诸如“谁做了一条细长的蛇，谁做了一条又短又胖的蛇？”这样的问题，将激发儿童对长度和宽度的认知，并使他们认识到同样大小的橡皮泥球可以做出不同的形状。

问：这些活动都涉及儿童的操作以及与材料之间的互动，这就是“具体学习”的含义吗？

如果幼儿想要了解摆弄物体所产生的效果，那么他们需要实际看到并摸到这一物体。年龄较小的儿童是活在当下的，他们难以想象不在眼前的事物。抽象思维，即设想不在眼前的事物，是一种更为复杂的思维模式。随着儿童抽象思维的发展，他们的算数能力会增强。但是在早期教育环境中，由于大多数幼儿是视觉学习者，因此，最有效的学习策略就是接触、观察和操作。

思维能力的变化

在 3 岁左右，儿童开始以物代物，如把溜溜球当作玩具狗。这代表着儿童符号表征能力的发展，在观察儿童的游戏过程时，我们很容易就能感知到儿童的符号表征能力。

问：随着儿童开始使用表征符号，他们的游戏会获得发展。儿童将更少地受限于此时此地，他们能够想象未来之事，也能回忆过往之事，比如记得前段时间自己去了奶奶家。这种现象表明儿童处于什么发展阶段呢？

“阶段”这个词现在用得不多，因为人们意识到任何变化都不是突然发生的，后一阶段由前一阶段发展而来，前一阶段的发展痕迹又会体现在后一阶段中。此外，皮亚杰的阶段理论也受到了部分研究者的批评，他们发现皮亚杰在测试中使用的成人语言可能掩盖了幼儿真正知道的内容。在使用儿童友好的语言重复这些测试时，研究者发现儿童能够进行“储存”（即在头脑中保持一个心理图像，而不被视觉线索误导），并能够理解他人的观点，出现这一情况的儿童的年龄早于皮亚杰提出的 7 岁。

问：运动、语言和游戏能力的发展能否以某种方式相联系？

当然可以，随着肌肉力量的发展，儿童能够做更多的事情。精细和粗大运动技能的发展正是如此。儿童需要提高对软腭、嘴唇和舌头的控制能力，然后才能做到清楚地发音；一旦儿童能做到这一点，他们就能在游戏中表达自身的需求和愿望。每一个动作都需要达到一定程度的协调性，这种协调性来自肌肉的调控。教师可以尝试将儿童在同一个年龄段发展的各个方面联系起来。但是，儿童的成长速度不同，有些儿童的发展比其他儿童更不均衡。

问：如果儿童较早开口说话，并提前达到他们的“运动”里程碑，那么这是否代表他们非常“聪明”，能在整个学校生活中表现优异？

对学龄前儿童的首次智商测试的结果进行后续跟踪，会发现预测的准确度并不高。也许是因为我们测量的能力过于有限，也可能是因为儿童在发展过程中受到了其他变量的影响，以至于智商测试的分数不再起决定作用。当下，特别是对于年龄较大的幼儿，分数似乎能更准确地达到评估目的，但我们仍然需要谨慎对待，因为可能存在个体差异。由此，只有出现分数极低或极高的情况，我们才需要按照常规进行测量，因为特殊的分数意味着需要额外的教学投入。

问：为什么预测儿童的发展会如此困难？

首先，我们来看看智力的概念。随着儿童语言和肢体的发展，智力会表现出一定的遗传性：个体的气质可以影响儿童对待新鲜事物的态度，所以它和智商测试中的分数一样重要。但是，环境会对儿童将拥有的机会和经验产生一定的影响，同时，环境在这些机会与经验转化为儿童的自信和常识方面也起着重要作用。

智商测试实际上源于一项研究，该研究旨在寻找儿童解决问题、选择策略和学习新知的能力差异的原因。通过对这些差异的评估，研究者能够对儿童的发展与适宜性教育做出预测。智商分数的范围从低于60（这类儿童需要额外的教育支持），到100（这类儿童被视为“平均水平”），到130—140甚至更高（这类儿童需要被给予更多的学习机会；如果可以，还需要加快学习进程）。在这类资优的儿童群体中，有些儿童“什么都擅长”，被称为“全能天才”。他们往往比那些在特定领域拥有超常水平的天才儿童能更好地融入同龄人（这类在特定领域有超常水平的儿童会较难与同龄人进行普通水平的互动，他们可能会表现出更多的情绪问题）。

当然，智商分数只能反映出儿童被测能力的状况，这也表明儿童拥有一系列不同的优势，就会存在各种不同的智力模型。最著名的是加德纳（Gardner，1983）的研究，该研究定义了6种不同的智能：语言智能、音乐智能、逻辑数学智能、视觉空间智能、身体动觉智能和自我认知智能。然而，这些不同的模型都阐明了一个重要的事实，即“智商测试未能测量出在学校以外对儿童有益的关键品质”。

问：如何对待有天赋的儿童？

2001 年，一些新的出版物对“天才”和“人才”做出了区分。一份名为“天才学生框架”（City of Edinburgh Council，2001）的文件将天才的标准界定为“拥有未经训练和自发表现出的天赋能力，至少在一个能力领域中达到其年龄组中排名的前 15%”。相比之下，他们将人才的标准界定为在任何领域都有成就。该文件解释说，这些被视作人才的学生的表现水平远超他们的年龄预期，但他们的才能是建立在兴趣、热情和天赋基础之上的持续严苛训练的结果。

这份文件声称“高质量的早期教育有可能会满足有天赋和才能的儿童的需求”。然而，文件也敦促教师辨认出这类儿童，然后与他们的父母建立联系，并梳理出一份关于儿童各种能力的发展档案，作为其进一步学习与发展规划的基础。

问：什么样的活动适合有能力的儿童？

也许这些儿童可以尝试用数码相机拍摄一些户外照片，然后根据照片编出故事，讲给其他同伴听。教师可以将外国邮票贴在一个包裹上，引导幼儿进行探讨：“它来自哪里？是谁寄过来的？里面可能会有什么？是寄给谁的？”如果幼儿在花园里的一棵树下发现了一个贴着“请帮帮我”字样的动物玩偶，他们也可以由此开展类似的讨论活动。幼儿可以讨论：我们应该给它提供什么食物？它将睡在哪里？它叫什么？谁会成为它的朋友？幼儿还可以把自己制作的小物件装在小盒子里，然后在家长会上开展义卖活动，并将所得收入捐给海外的幼儿。这样的情节设置将激发幼儿的想象力，也有助于培养幼儿的利他行为。

问：对于有特殊学习需求的儿童，我们应该如何给予支持？

就像天才和人才的区别一样，重要的是要确定儿童是否有特定的学习困难，这种学习困难指儿童在某一方面的发展比其他方面迟缓得多，但考虑到其他方面的发展优势，这种学习困难一般是我们意想不到的。这类儿童可能需要特殊的支持来弥补某方面的障碍，但在学业上他们能够表现得非常优异。整体发育迟缓的儿童在学习上普遍存在问题，他们需要在学习过程的各个方面得到帮助。2014 年，全纳教育成为一项关键的教育战略，更多身体和智力方面存在缺陷的儿童被主流教育接纳。然而，如果没有足够专业的教育支持，这类儿童可能会陷入困境，因为全纳并不仅仅意味着让有差异性的儿童处于同一个屋檐之下。实现全纳教育，需要专业人员、设备与特殊儿童的需求相匹配。遗憾的是，在某些领域，人们的观点与现实不符。

令人欣慰的是，在早期教育环境中，较高的师生比能够确保教师在恰当的时间和最适宜的水平上给予儿童干预，并且以游戏为本的课程能够让所有儿童在他们自身的发展水平上获得发展。这是非常棒的事情！

问：我们如何让家长相信儿童是在游戏的过程中学习的？当孩子还没有做好学习准备时，家长往往会过度担心孩子的学习情况和特定技能（如书写）的发展。

这个问题非常重要。毕竟，教师熟悉游戏，了解游戏能够促进儿童的能力发展，但大多数家长对此不甚了解。我们可以通过不同的方式来传递这些信息。虽然制作海报和图表非常耗费时间，但这种方式确实能呈现教师在设置游戏区域时的专业考量以及观察与评估的能力。家长可以在闲暇时研究它们，并提出问题或建议，供教师进行补充和修改。由此，家长可以感受到自己参与了孩子的学习过程，并开始理解儿童学习的微妙之处与有益之处。

另一种方式是展示一张儿童参与集体活动的照片（见图 9.3），并将儿童发展的相应能力列在照片的下方。这样的照片将是教师与家长进行讨论的一个很好的切入点，因为在照片中，儿童学习能力的发展是相当容易被识别的。此外，这是一个家长相当熟悉的游戏场景，相比虹吸游戏或大型建构活动，家长更容易认同这种学习任务。

图 9.3 点心时间

幼儿正在学习料理食物之前的准备工作（洗手、穿上围裙）。他们在一个小组中工作，因此需要共享用具，这就意味着他们需要等待和轮流。他们还需要为别人泡茶，因此他们能够学习做出利他行为（发展利他主义和同理心）。他们正在通过涂吐司来发展动作技能（操作技能）——学习在吐司上涂黄油有多难。

他们正在学习餐桌礼仪和日常生活技能，例如学习餐前准备和上菜方法，以及坐在餐桌旁共同进餐的礼仪。一些幼儿可能会倒水、果汁或牛奶，并问其他小朋友更喜欢哪一种饮品。

当本学习滚轮胎（见图 9.4）时，这种学习显得更加微妙。本正在学习：

- 在推轮胎时保持平衡。这意味着他需要调整姿势，集中精力。
- 判断推动轮胎需要多少力量，以及用力太轻或用力过猛时会出现什么情况。
- 如何使用他的右手（惯用手）来推动和控制轮胎，使它朝向正确的方向。
- 注意安全，即不要将轮胎推到其他儿童旁边。
- 探索需要以什么速度让轮胎持续滚动，当力量和速度消失（轮胎翻倒）时会发生什么情况。然后他还会主动提议与轮胎进行其他形式的互动，例如，坐在轮胎上面、在轮胎上弹跳、用沙土填满轮胎并把它当作花盆。
- 探索轮胎的移动路线以及如何让轮胎的胎面紧贴路面。他可以调查有多少种交通工具使用这样的轮胎。

图 9.4 本和轮胎

因此，在这两种游戏活动中，儿童都有社会性、情感、运动和智力方面的学习。把儿童的学习放在这样的背景下，教师可以向家长阐明儿童能够在玩中学。这可能是一件很难做到的事情。

如果儿童的父母博学多识，那么教师与家长之间的协作将会更容易。他们会意识到双方的目标是一致的，即让每个孩子都能爱上学习，每个孩子都能倾诉任何烦恼，每个孩子都能变得自信、建立积极的自尊。这便是真正的学习吧。

附录 1

运动里程碑

年龄	运动技能	非运动技能	操作技能
出生	原始的行走反射和游泳反射，但这些会消失	会关注喂食距离：与喂养者保持眼神交流	可能会握住手指一会儿
4 个月	如果有支撑，可以（短暂地）坐着。喜欢按摩和俯卧时间	把手当作第一个玩具：会短暂地握住物体；头部保持平稳，手握得较紧	第一次用手传递物体。玩脚趾头，如把脚趾头放进嘴里
6—9 个月	快速爬行；一些孩子被牵着站起来：有明显的危险意识（在开始爬行的两周后）	在没有成人的帮助下坐着。现在能更准确地触碰和抓住物体	手拿玩具；通过奶瓶或手抓食物给自己喂食。意识到掉落的物品仍然在那里——试图找回它们
9—12 个月	爬行，沿着家具的边缘走，爬楼梯	对一些玩具表现出偏爱；小心翼翼地握住它们	紧紧握住铅笔乱涂乱画。把所有东西都放进嘴里，感受质地和味道
12—18 个月	安全行走。 将翻身和爬行作为组合动作。 跟着音乐有节奏地“跳舞”	拼简单的拼图；使用钳形抓握技能。喜欢打翻玩具；关心毛绒玩具——发展同理心的最初迹象	会翻书页。 独立吃饭。 独立使用两只手

（续表）

年龄	运动技能	非运动技能	操作技能
18—24个月	跑步（20个月），行走良好（24个月）；用双脚爬楼梯	推拉盒子或带轮子的玩具；拧开罐子上的盖子	有明显的惯用手；叠堆4~6块积木；一次翻一页纸；捡起东西时不会失去平衡
2—3岁	轻松地跑步。无须帮助即可向上爬、向下爬和越过障碍物	喜欢用大的画笔绘画	捡起小物体（如麦片）。站立时向前扔小球
3—4岁	上楼时一步一个台阶；交替脚跳跃；踮起脚尖走路	骑三轮车；拉着大玩具向任意方向走；投掷时旋转身体，但身体的旋转幅度很小	用伸出的双臂接住大球；用剪刀剪纸；用大拇指、食指和中指握住铅笔
4—5岁	上下楼时一步一个台阶；站立、跑步和行走良好。 无缝组合动作，如跑和跳	男孩展现出成熟的投掷动作。 女孩喜欢芭蕾舞等平衡类挑战	用球棒击球；踢球和接球；能够穿珠子但不能够穿针引线；熟练地使用铅笔
5—6岁	双脚交替跳跃；沿着一条细线走；滑滑梯、荡秋千	更多的幼儿可以熟练地做出转身和踢腿动作	球打得相当好。 能够穿线和缝针

附录 2

语言发展计划

年龄	单词	故事	活动
5 岁	有清晰的发音；能说复合短语	可以重述故事；提出新的想法。 可以对三张照片进行排序。 能够使用代词。 可以读单个单词。 喜欢把自己的想法写下来	能理解他人的感受；理解规则和常规
4 岁	寻求解释。 问什么时候和为什么。 想象其他地方发生的事情	喜欢重复和用已知的短语来描述故事。 可以重述或编造一个故事	可以扮演角色。 能够理解自己的特征
3 岁	使用含有 4~5 个单词的句子。 使用复杂的词语	会听、改编和重新改写句子。 喜欢问为什么。 玩无意义的单词和押韵词游戏	会唱歌和押韵。 跟随节奏做动作。 喜欢用彩色的粉笔画画
2 岁	词汇量剧增——命名类词汇激增。 将两个单词组成短语，例如“爱你”“走开”	根据故事情节——识别出最喜欢的角色和故事情节的发展顺序。 组合使用手势和肢体语言。 使用沟通策略，如理解妈妈语（高音调的简单语言）	坚持自己的主张。 独立——有脾气。 说“电报语”，即只使用基本的单词或短句，如“我要去”

（续表）

年龄	单词	故事	活动
1岁	单音节的咿呀学语。 能够解读别人的面部表情和手势	理解简单的指令，例如“来这里”；可以通过手势表达需求。 理解50个单词；用自己的话表达需求。 在前语言阶段，学习单词的速度缓慢	喜欢躲猫猫（学习轮流的萌芽）。 记忆力和自我意识都在发展
3—9个月	控制手势；开始发展共同注意	开始能够理解几个单词。 絮絮叨叨	利用微笑来达成目的。 拍手；开始指向某物或某人
出生—3个月	哭泣越来越有意义	开始用咕咕声进行交流	意识到自己和熟悉的人在一起会感到舒适

参考文献

Ainsworth, M. (1972) 'Attachment and dependency: a comparison' in J.L. Gerwirtz (ed.) *Attachment and Dependency*. Washington, DC:VH Winston.

Bakker, D.J. (1990) *Neurophysiological Treatment of Dyslexia*. New York: Oxford University Press INC.

Bee, H. (2002) *The Developing Child*. New York: HarperCollins College Publishers.

Bee, H. (2004) *The Growing Child*. NewYork: HarperCollins College Publishers.

Bee, H. (2010) *The Developing Child* (10th edn). New York: HarperCollins College Publishers.

Bee, H. and Boyd, D. (2005) *The Developing Child* (international edition). Boston MA: Pearson Publications.

Bellhouse, B., Johnson, J. and Fuller, F. (2005) *Empathy: Promoting Resilience and Emotional Intelligence for Young People Aged 7–11*. London: Lucky Duck Publishing/Paul Chapman.

Bowlby, J. (1988) *A Secure Base: Clinical Applications of Attachment Theory*. London: Routledge.

Carter, R. (2000) *Mapping the Mind*. London: Phoenix Books.

City of Edinburgh Council (2001) *A Framework for Gifted and Talented Pupils*. Edinburgh: City of Edinburgh Council.

Cohen, D. (1990) *The Development of Play*. New York: New York University Press.

Collins, M. (2005) *It's OK to be Sad. Activities to Help Children Manage Loss, Grief and Bereavement*. London: Lucky Duck Publishing/Paul Chapman.

Davies, G. and Cummings, E.M. (1994) 'Marital conflict and child adjustment'. *Psychological Bulletin*, 116, 387–411.

Dowling, M. (2004) *Young Children's Personal, Social and Emotional Development*. London: Paul Chapman.

Dyspraxia Foundation (2001) *Report: Praxis Makes Perfect*. Hitchin: Dyspraxia Foundation.

Eisenberg, N. (1990) *The Development of Prosocial Behaviour*. Hillsdale, NY: Erlbaum.

Eisenberg, N. (1992) *The Caring Child*. Cambridge, MA: Harvard University Press.

Francis, P.L., Self, P.A. and Horowitz F.D. (1987) 'The behavioural assessment of the neonate' . An overview in I.D. Osofsky (ed.) *Handbook of Infant Development* (2nd edn), pp. 723–779. New York: Wiley-Interscience.

Gardner, H. (1983) *Frames of Mind:The Theory of Multiple Intelligences*. New York: Basic Books.

Goddard, S. (1996) *A Teacher's Window into the Child's Mind*. Eugene, OR: Fern Ridge Press.

Goddard S. (2002) *Reflexes, Learning and Behavior*. Eugene, OR: Fern Ridge Press.

Isaacs, S. (1933) *Social Development inYoung Children*. London: Routledge.

Katz, L.F. and Gotttman, J.M. (1993) 'Patterns of marital conflict predict children's internalising and externalising behaviours' . *Developmental Psychology*, 29, 940–950.

Kohlberg, L. (1969) 'Stages and sequence: the cognitive-developmental approach to socialisation' in D.A. Goslin (ed.) *Handbook of Socialisation Theory and Research*. Chicago, IL: Rand McNally.

Lewis,T.L., Amini, F. and Lannon, R. (2010) *A General Theory of Love*. New York: Vintage.

Maccoby, E. and Martin, E (1990) 'Socialisation in the context of the family' in E.M. Hetherington (ed.) *Handbook of Child Psychology* vol. 4. New York: Wiley.

Macintyre, C. (2003) *Jingle Time*. London: David Fulton Publishers.

Macintyre, C. (2010) *Play for Children with Special Needs* (2nd edn). Abingdon: Routledge.

Macintyre, C. (2011) *Understanding Babies and Young Children from Conception to Three. A Guide for Students, Practitioners and Parents*. London: Routledge.

Macintyre, C. (2012) *Enhancing Learning through Play* (2nd edn). Abingdon: Routledge.

Macintyre, C. (2014) *Identifying Additional Learning Needs in the Early Years* (2nd edn). London: Routledge.

Macintyre, C. and Mcvitty, K. (2003) *Planning the Pre-5 Setting*. London: David Fulton Publishers.

Macintyre, C. and McVitty, K. (2004) *Movement and Learning in the Early Years*. London: Sage/Paul Chapman Publishing.

Melhuish, E.C. (1990) *Research on Day Care for Young Children in the United Kingdom: International Perspectives*. London: Routledge.

Moore, C. (2012) *George and Sam*. London: Penguin Books.

Murray, M. and Keene, C. (1998) *The ABC of Bullying*. Dublin: Mercier Press.

Myers, B.J. (1999) 'Mother–infant bonding. The status of this critical period hypothesis.' *Developmental Review*, 4, 240–278.

Naisbitt, A.E. (2001) *Creating the Inclusive Classroom: Meeting the Needs of Gifted and*

Talented Children in the Mainstream Classroom. Redcar: Cleveland Publications.
Paley, V.G. (2004) *A Child's Work. The Importance of Fantasy Play*. Chicago UL: University of Chicago Press.
Palmer, S. (2006) *Toxic Childhood*. London: Orion Books.
Piaget, J. (1932) *The Moral Judgement of the Child*. Harmondsworth: Penguin.
Piaget, J. (1954) *The Construction of Reality in the Child*. New York: Basic Books.
Pinker, S. (1994) *The Language Instinct: How the Mind Creates Language*. NewYork: William Morow.
Robinson, M. (2011) *Understanding Behaviour and Development in Early Childhood. A Guide to Theory and Practice*. London: Routledge.
Schafffer, H.R. (1990) *Social Development*. Oxford: Blackwell Publishing.
Sutherland, M. (2008) *The Key Relational Need of the Child.* Paper presented at the North East Special Needs Conference, Bolden.
Sutherland, M. (2006) *The Science of Parenting.* New York: Dorling Kindersley.
Trevarthen C. (1977) *Play for Tomorrow*. Video production, University of Edinburgh.
Winston, R. (2004) *The Human Mind*. New York: Bantam Books.
Winston, R. (2006) *Child of Our Time*. Television series for BBC1.